本书获教育部新世纪优秀人才支持计划和
南开大学哲学院“985工程”项目资助

关注中国问题

重铸中国故事

# 缘　起

在思想史上,“犹太人”一直作为一个“问题”横贯在我们的面前,成为人们众多问题的思考线索。在当下三千年未有之大变局中,最突显的“中国人”也已成为一个“问题”,摆在世界面前,成为众说纷纭的对象。随着中国的崛起强盛,这个问题将日趋突出、尖锐。无论你是什么立场,这是未来几代人必须承受且重负的。究其因,简言之:中国人站起来了!

百年来,中国人“落后挨打”的切肤经验,使我们许多人确信一个“普世神话”:中国“东亚病夫”的身子骨只能从西方的“药铺”抓药,方可自信长大成人。于是,我们在技术进步中选择了“被奴役”,我们在绝对的娱乐化中接受“民主”,我们在大众的唾沫中享受“自由”。今日乃是技术图景之世界,我们所拥有的东西比任何一个时代要多,但我们丢失的东西也不会比任何一个时代少。我们站起来的身子结实了,但我们的头颅依旧无法昂起。

中国有个神话,叫《西游记》。说的是师徒四人,历尽劫波,赴西天“取经”之事。这个神话的“微言大义”:取经不易,一路上,妖魔鬼怪,层出不穷;取真经更难,征途中,真真假假,迷惑不绝。当下之中国实乃在“取经”之途,正所谓“敢问路在何方”?

取“经”自然为了念“经”,念经当然为了修成“正果”。问题是:我们渴望修成的“正果”是什么?我们需要什么“经”?从哪里“取经”?取什么“经”?念什么“经”?这自然攸关我们这个国家崛起之旅、我们这个民族复兴之路。

清理、辨析我们的思想食谱,在纷繁的思想光谱中,寻找中国人的“底色”,重铸中国的“故事”,关注中国的“问题”,这是我们所期待的,也是“六点评论”旨趣所在。

点　点

2011.8.10

Contents 目录

# 前　言

施特劳斯，前前后后，断断续续，一直在读。回头一想，忽然发现也读了十几年。有点惊讶，也有点怅然。惊讶的是，不知不觉中，居然已经读了十几年的工夫；怅然的是，读了十几年，并没有读出点声响和名堂。而这，却已是我研读施特劳斯而著的第三本小书。借此机会，记录一下个人阅读施特劳斯的基本思路。

第一本书是《耶路撒冷抑或雅典》，在刘小枫教授的鼓励和支持下，出版于2005年，主要讨论施特劳斯思想中的耶路撒冷与雅典之争这一主题。[①] 这一主题的选择与迈尔(Heinrich Meier)在中国的影响也不无关系。无论关于施特劳斯，还是关于施米特，或者关于两者的思想对话，迈尔都特

① 陈建洪：《耶路撒冷抑或雅典？施特劳斯四论》，北京：华夏出版社，2005年。

别强调耶路撒冷与雅典之争这一维度的重要性。于是，我在鲁汶的第一个学年就着重研究了施特劳斯思想中的这个维度。可以说，迈尔的思路，是我起初阅读施特劳斯最为重要的参考。所以，我仔细研读了迈尔的几种著作，尤其是其蜚声之作《隐匿的对话》。① 不过，书读多了，疑惑也多了。在阅读迈尔的札记末尾，我也表达了对迈尔思路的疑问。

这种疑问，在我的第二本书中才得以真正展开。这本书是我在鲁汶完成的博士论文，题为《政治和哲学之间：施特劳斯与施米特思想对话研究》。② 也许，对出版社的选择不算明智，不过毕竟是多次来邮询问出版意向的出版社。出版之前，其中两章内容已经分别发表于美国的《阐释》（*Interpretation*）与荷兰的《贡献》（*Bijdragen*）③，另外两章的浓缩版本也曾经在英国诺丁汉大学举办的施特劳斯会议上宣读。这个会议的论文集，经过了若干年才得以最终结集出版。④

---

① 迈尔：《隐匿的对话——施米特与施特劳斯》，朱雁冰等译，北京：华夏出版社，2002 年；《古今之争中的核心问题——施米特的学说与施特劳斯的论题》，林国基等译，北京：华夏出版社，2004 年。

② Jianhong CHEN, *Between Politics and Philosophy: A Study of Leo Strauss in Dialogue with Carl Schmitt*, VDM Publishing, 2008.

③ Jianhong Chen, "What Is Carl Schmitt's Political Theology?" *Interpretation: A Journal of Political Philosophy*, Vol. 33 No. 2 (Spring 2006): pp. 153—175; "On the Definition of Religion in Hobbes' *Leviathan*," *Bijdragen: International Journal in Philosophy and Theology*, 67 (2006) 2: pp. 180—194.

④ Jianhong Chen, "On Strauss's Change of Orientation in Relation to Carl Schmitt," in Tony Burns and James Connelly (eds.), *The Legacy of Leo Strauss*, Exeter: Imprint Academic, 2010, pp. 103—108.

这第二本书，旨在勾勒施特劳斯和施米特之间进行思想交锋的细节，由此分析两人关于何谓政治的争论，澄清两位政治思想家各自的立场及其特色。从框架到细节，都是为了反驳两条研究路线。一条研究路线以迈尔为代表，将这场思想对话确定为政治哲学和政治神学的对话。另一条研究路线以加拿大学者德鲁里（Shadia B. Drury）为代表，认为施特劳斯的政治思想只不过是延续甚至深化了德国虚无主义的精神。① 不过，全书框架的着眼点主要在于反驳第一条路线，虽然在细节方面也反驳第二条路线。通过分析这场思想对话的方方面面，这本书指出，施特劳斯和施米特的对话，实际上是一个政治理想主义者和一个政治现实主义者的思想交锋。施米特唯一关切的是政治现实中的冲突，以及在冲突中不断重建的秩序。施特劳斯则关切语言所构筑的完美城邦和现实中不完美城邦之间的紧张，以及这种紧张对于人间秩序的意义。

自2006年底来到南开大学之后，不知不觉中已经度过了八个春秋。我的施特劳斯阅读，在这八年的光阴中，渐渐蹉跎，感觉有点跟不上施特劳斯影响中国的节奏。小枫先生曾经提醒，应该将第二本书转成中文出版。虽将部分内容转成了中文论文，但整体的转换行动却没有付诸实施。八年岁

① 德鲁里：《施特劳斯与美国右派》，刘华等译，上海：华东师范大学出版社，2006年；《施特劳斯的政治观念》，张新刚、张源译，北京：新星出版社，2009年。

月，倪为国先生也没有忘我于江湖，多次来津探访，提议我写一本论施特劳斯的小书。虽然答应了，也埋下了种子，但一直都没有开花结果。许多年过去，为国先生依然不忘初心，不失耐心，依然执着催促，令我既生愧对之心，又怀感动之情。

偶尔，也在反思自己阅读施特劳斯的蹉跎，或者说为自己找点借口。其一，在鲁汶期间，主要集中关注施特劳斯和施米特。回国之后，试图追溯两施争论的思想史渊源，故由施米特而霍布斯，由施特劳斯而柏拉图，这一阅读向度，始终如初。其间，分别写了几篇文章，未呈蔚然气象。① 其二，主要在思考，如何才能找到一个突破点。第一本书讨论耶路撒冷与雅典之争，着眼于施特劳斯思想中的一个重要主题。第二本书重新审视施特劳斯和施米特的思想对话，着眼于哲学与政治的关系。如果要写第三本书，着眼点究竟落在哪里？这本小书，部分内容是第二本书的中文转化，部分内容是过

---

① Jianhong Chen, "On Thomas Hobbes's Concept of Wonder," in Michael Funk-Deckard and Peter Losonczi (eds.), *Philosophy Begins in Wonder: An Introduction to Early Modern Philosophy, Theology, and Science*, Eugene OR: Wipf and Stock Publishers/Leuven: Peeters, 2009, pp. 127—142;《论霍布斯的自然状态学说及其当代复活形式》,《学术月刊》2008(6):第64—69页;《论霍布斯的恐惧概念》,《世界哲学》2012年第5期:第152—160页;《论阿伦特的霍布斯〉,《云南大学学报(社会科学版)》2012年第3期:第82—87页;《论《会饮》中的阿佛洛狄忒和爱若斯》,《天津师范大学学报(社会科学版)》,2012年第5期:第51—55页;《论阿波罗多洛斯的疯狂——兼注柏拉图《会饮》173d》,《云南大学学报(社会科学版)》2011年第2期:第13—19(+63)页;《远离苏格拉底》,《世界哲学》2010年第6期:第101—109页。

去思路的延伸。既然题为《论施特劳斯》，显然不能满足于此。

虽然一直在思考究竟该如何定位施特劳斯的政治哲学，却也一直没能确立一个明确的思路。

2008年夏天，应扬森斯（David Janssens）教授之邀，赴荷兰提尔堡大学（Tilburg University）参加主题为“欧美视野中的施特劳斯”的小型会议，总共有来自欧、美、亚的八位施特劳斯学者参加。我提交了“施特劳斯论耶路撒冷与雅典的紧张”一文。如果说这与之前的思路有一点什么不同的话，那就是这篇文章指出了：耶路撒冷与雅典之争在施特劳斯那里，最终可以归结为究竟是通过行动（deeds）还是通过语言（speech）追求最佳政治秩序的问题。当时，这一说法引起了与会学者的一些讨论与兴趣。2014年初秋，在台北再次碰到埃尔兰根大学的考夫曼（Clemens Kauffmann）教授。没想到，他还记得提尔堡的行动与语言之争这个话题。不过，提尔堡会后，我也没有进一步深入这一值得展开的主题。

也许，2012年是我个人阅读和思考施特劳斯的一个转折点。

2012年夏天，在北京大学政治思想研究中心主办的“秩序与历史”学术论坛，做了一次题为“如何理解施特劳斯”的报告，其中强调了从自然法传统角度理解施特劳斯的重要性。那段时间，小枫先生转来韩国方面一个施特劳斯会议的邀请，会议主题是“东北亚语境中的施特劳斯思想”。于是，想了一个文章题目，叫作“施特劳斯、中国和政治乌托邦主义”。文章内容主要还是旧的，但是思路上还是有了一点新变化，那就是参照乌托邦思想传统来理解施特劳斯。自然法和乌托邦，在政治思想史上意义不同，但都坚持了超越纯粹政治的哲学视角。这大致可以算作我阅读和理解施特劳斯的一个新起点。2013 年底，中国比较古典学学会第二届年会在重庆大学召开，我提交了一篇文章，题为“施特劳斯的否定哲学”，类比“否定神学”的概念，使用了“否定哲学”这个概念来定位施特劳斯政治哲学的根本立场，也首次明确主张，应该将施特劳斯放在乌托邦思想传统中来理解。2014 年 9 月初，赴台北参加“中央研究院”举办的一个英文会议，主题是“中文世界中的施特劳斯和施米特”，再用英语的方式界定了施特劳斯作为一名否定哲学家的意思。

我想，这也许是这本书不同于以往的一点新意。

# 一、施特劳斯其人其作

施特劳斯(Leo Strauss,1899—1973),德裔美籍犹太人,前半生(1899—1937)在欧洲,后半生(1937—1973)在美国。哲学背景方面,受学于新康德主义的马堡学派,也心仪新康德主义大家柯亨(Hermann Cohen),但更服膺现象学派,尤其海德格尔一支。亲身听过胡塞尔和海德格尔的课,尤其对海氏赞赏有加,直言高出新康德主义集大成者卡西尔(其博士论文导师)、希腊思想研究专家耶格尔(Werner Jaeger)和社会科学思想大家韦伯。

作为犹太思想家,其学问起于犹太脉络,研究其犹太先贤斯宾诺莎的宗教批判思想。这也是其第一份工作的研究主题,工作单位是柏林的犹太思想研究所。因资金问题,这个单位没几年就面临关闭,施特劳斯也因此面临失业问题。起步期间的研究成果,也就是施特劳斯的处女作《斯宾诺莎的宗教批判》。其中,也涉及斯宾诺莎的启蒙同侪霍布斯的宗教批判。1932 年,施特劳斯为施米特的代表作《政治的概念》写了一篇长书评,在赞许前辈学者的同时,也从哲学角度批评了施米特,认为其政治概念未能摆脱现代政治哲学的牢笼。这篇书评引起了施米特的注意和重视。因此缘份,施米特应其要求写了一封推荐信,使施特劳斯获得了洛克菲勒财团提供的奖学金,转赴法国从事研究。于是,纳粹上台之前,施特劳斯已然离开故土,真是一个犹太学者的幸运。①

在其斯宾诺莎研究的基础上,施特劳斯转而考察斯氏之启蒙前贤霍布斯以及其中世纪理论敌人迈蒙尼德。在法国期间,施特劳斯与新托马斯主义学者有所接触,如马利坦。但是,最为密切的朋友无疑是俄裔犹太人科耶夫,也是其终生重视的思想对手。约两年后,转赴英伦研究霍布斯,先伦敦后剑桥。其研究成果,颇受巴克爵士(Ernest Barker)赏识。② 施特劳斯在英语世界出版的第一本书,也就是《霍布斯的政治哲学》(1936 年),初版时就附有巴克爵士所作前言。停留英伦三年,施特劳斯再次面临就业问题。其间,施

---

① 福山曾说施特劳斯"为了逃避纳粹的迫害于20 世纪30 年代移居美国",此说显然失实;在讨论科耶夫时,里拉说施特劳斯于 20 世纪30 年代"逃亡英国",也属不确之说。分别参见福山:《美国处在十字路口:民主、权力与新保守主义的遗产》,周琪译,北京:中国社会科学出版社,2008 年,第 19 页;里拉(Mark Lilla):《当知识分子遇到政治》,北京:新星出版社,2005 年,第 126 页。

② 巴克爵士著作的中译本,参巴克:《希腊政治理论》,卢华萍译,吉林人民出版社,2003 年。

特劳斯面临着三种可能性。首先,他最为心仪的落脚点是英格兰本身,然而也是最没有希望的。其次是耶路撒冷大学,也是他抱着最大希望而且下了最大功夫的目标。为了耶路撒冷大学的教职,施特劳斯出版了与犹太传统主题相关的《律法与哲学》(1935 年)。那段时间,施特劳斯与耶路撒冷大学教师、后来的犹太教研究尤其是犹太神秘主义研究大家肖勒姆(Geshom Scholem,又译索伦)保持着非常密切的联系。① 然而,耶路撒冷的职位最终给予了施特劳斯在柏林的上司古特曼(Julius Guttmann)。耶路撒冷教职申请失败之后,施特劳斯在剑桥继续研究霍布斯。最后,英国研究期满之时去了美国,这是没有办法的办法。人生坎坷,世事难料。最初对施特劳斯完全没有吸引力的美国,却恰恰成就了这位来自欧洲的犹太思想家。当然,这位思想家也为美国留下了一份富有争议的思想遗产。

1937 年,施特劳斯踏上了美利坚之路,在哥伦比亚大学度过了一年的临时教学时光。而后,他聘任到了纽约的社会研究新学院。这所 1919 年建立的新学院,收留了诸多来自欧洲的流亡犹太知识分子,一度著称为"流亡大学"。在那里,施特劳斯差不多呆了十年有余。布鲁姆曾经区别了施特劳斯思想发展的三个阶段:前施特劳斯的施特劳斯(Pre-

---

① 索伦:《犹太教神秘主义主流》,涂笑飞译,成都:四川人民大学出版社,2000 年。

Straussian Strauss)，也就是发现隐微写作艺术之前的施特劳斯；成名的施特劳斯(Straussian Strauss)，也即通过发现或者重新发现隐微写作艺术并且因此闻名的施特劳斯；解放了的施特劳斯(Liberated Strauss)，和柏拉图、色诺芬、阿里斯托芬、修昔底德等古人一道思考，以回归古朴的天真和洞见。[①]换句话说，成名的或成熟的施特劳斯也就是施特劳斯确立自我特点和思想路线的时期。社会研究新学院十年时间是成熟期施特劳斯的重要组成部分。这段时期出版的两部重要著作《论僭政》(1948)和《迫害与写作的艺术》(1952)，可以说宣告了施特劳斯式政治哲学的成型及其理解政治哲学史的独特方式。因为这十年的积累与贡献，施特劳斯才能于1949年获聘芝加哥大学教授职位。如今，大家都知道芝加哥大学的施特劳斯。事实上，没有社会研究新学院的施特劳斯，就没有芝加哥大学的施特劳斯。

1949年，施特劳斯获聘为芝加哥大学的政治科学教授，并于该年底在芝大做了六次系列讲演。这些讲演便是施特劳斯的代表作《自然正当和历史》的底本。自此，施特劳斯在芝加哥教学和研究近二十年，绝大多数重要著作(如《关于马基雅维利的思考》和《什么是政治哲学?》)皆完成于这一时期。1967年底从芝大退休之后，他被加州克莱蒙特男

---

① Allan Bloom, "Leo Strauss, September 20, 1899-October 18, 1973," in *Giants and Dwarfs*, New York: Simon and Schuster, 1990, 246—250.

子学院(现克莱蒙特学院)聘为政治哲学教授。1969 至 1973 年,施特劳斯为圣约翰学院的杰出驻校学者,并终老于斯。从芝大退休后,施特劳斯又完成了两本论色诺芬的著作和一本解读柏拉图《法律篇》的著作,而其临终编定文集《柏拉图式政治哲学研究》亦主要完成于这一时期。

1973 年 10 月 18 日,施特劳斯卒于安纳波利斯。

生前,施特劳斯总共出版 13 部著作。如果算上生前写好、死后出版的两部著作,则总共出版 15 部著作。此外,施特劳斯还与克罗波西(Joseph Cropsey)主编了一部影响极大的《政治哲学史》。此书出版之后,就取代了萨拜因(George H·Sabine)的《政治理论史》,作为政治思想史的新型教材。按照布鲁姆的划分方法,施特劳斯的著作也可以因此分为早、中、晚三期。

早期著作包括在德国和英国期间出版的三部著作:《斯宾诺莎的宗教批判》(德文,1930)、《哲学与律法》(德文,1935)和《霍布斯的政治哲学》(英译先于德文原文出版,1936)。从这一时期的三部著作来看,施特劳斯主要研究斯宾诺莎的宗教批判、中世纪犹太和伊斯兰哲学家和霍布斯的政治哲学,对勘现代启蒙哲学和古代(中世纪)启蒙哲学的思想已经成型。中期著作包括五部著作:《论僭政》(1948)、《迫害与写作的艺术》(1952)、《自然权利与历史》(1953)、《关于马基雅维利的思考》(1958)和《什么是政治哲学?》(1958)。这些著作奠定了施特劳斯在移居美国之后确立自身作为政治哲学家和政治哲学史家的地位。晚期著作包括自20世纪60年代以后出版的七部著作:《城邦与人》(1964)、《苏格拉底和阿里斯托芬》(1966)、《古今自由主义》(1968)、《色诺芬的苏格拉底论述:〈经济论〉解读》(1970)、《色诺芬的苏格拉底》(1972)、《柏拉图〈法篇〉的论辩和情节》(1975,生前写就)、《柏拉图式政治哲学研究》(1983,生前编成)。晚期著作主题基本上围绕古典政治哲学展开,重点在于阐发古典自然正义论及其意义。

近些年来,不断有施特劳斯的讲演稿和早期文稿整理和结集陆续出版。除施特劳斯生前出版或编定的十五种著作之外,还应当提及其他几种文集。一、1975年,施特劳斯的学生吉尔丁(Hilail Gildin)编定一部施特劳斯思想的入门文集,题为《政治哲学:施特劳斯论文六篇》。1989年,编者在此书基础上,增添了四篇论文,以《政治哲学导论:施特劳斯论文十篇》为题出版。二、1989年,施特劳斯的另一高足潘戈(Thomas L. Pangle)编定另一部施特劳斯思想入门文集,与吉尔丁所编文集重合两篇。此文集题为《古典政治理性主义的再生:施特劳斯思想入门》,由芝加哥大学出版社出版。一定程度上,此书出版之后成了解施特劳斯思想的入门必读作品。三、1997年,格林(Kenneth Hart Green)将施特劳斯论犹太教的论文和讲稿结集,编成一个特色文集《犹太哲学和现代危机:关于现代犹太思想的论文和讲演》,由纽约州立大学出版社出版。研究施特劳斯的宗教思想,此文集当为不可或缺的必读文献。四、2001 年，伯纳德特(Seth Benardete)所编施特劳斯关于柏拉图《会饮》的讲课录音稿出版，题为《论柏拉图的〈会饮〉》，由芝加哥大学出版社出版，还有其他讲课稿在陆续整理和出版过程中。五、德国学者迈尔整理、爬疏施特劳斯的德语著作、早年出版短稿和未出版的若干重要文稿，计划出版六卷本施特劳文集(*Gesammelte Schriften*)，已出三卷。第一卷主体为施特劳斯论斯宾诺莎的处女作，另含三篇早年文稿。第二卷内含 1935 年出版的《哲学与律法》和大量早年文稿。第三卷主体为 1936 年出版的霍布斯著作德文原稿、一部以霍布斯的宗教批判为题而生前并未出版的文稿、施特劳斯和四位朋友的信札。这三卷《文集》的出版，对于理解早年施特劳斯具有重要的文献意义。六、2002 年，詹柯(Michael Zank)根据德国学者迈尔所编《施特劳斯文集》第一、二卷，将施特劳斯早年(1921 年至 1932 年)的一些文章译成英文，编成一集，题为《施特劳斯早期著作》，由纽约州立大学出版社出版。此集的侧重点在于青年施特劳斯的犹太复国主义篇章和讨论斯宾诺莎的学术论文，对于深入理解施特劳斯和犹太教思想之间的关系，大有裨益。七、2011 年，芝加哥大学出版社出版了施特劳斯作于 20 世纪 30 年代初而后没有出版的一部著作《霍布斯的宗教批判》。作为一名学者，施特劳斯因其《霍布斯的政治哲学》(1936)开始在英语世界中为人所知。《霍布斯的宗教批判》作于其处女作《斯宾诺莎的宗教批判》之后、《霍布斯的政治哲学》之前，有助于读者理解施特劳斯在20世纪30年代初检查启蒙思想传统的思路。八、2012年,芝加哥大学出版了由雅法(Matin Yaffa)翻译的《施特劳斯论门德尔松》(*Leo Strauss on Moses Mendelssohn*),集中收录了施特劳斯为门德尔松著作十种篇章所写的导言,并附有四个(以莱辛为主)相关附录,最后是雅法讨论施特劳斯与门德尔松的长篇阐释。九、2013年,格林(K. H. Green)编辑出版了《施特劳斯论迈蒙尼德》一书,将施特劳斯论迈蒙尼德的作品集在一起出版,共十六篇文章,其中包括之前未出版的三篇文章。关于施特劳斯如何理解迈蒙尼德、如何理解启示与理性之间的关系问题,这本集子也值得参考。

# 二、关于施特劳斯的两个神话

自20世纪中期以来,施特劳斯政治哲学的影响越来越大。如今,其影响力不但从美国波及其故土德国和其他欧洲大陆国家,而且也在中国学术界产生了十分巨大的影响。中国读者在接受施特劳斯思想的过程中,也难以绕开关于施特劳斯的种种学术形象和政治肖像。关于施特劳斯思想的定位,我认为存在着两种需要小心的神话。一种是政治的神话,一种是学术的神话。

作为一位政治哲学家,不能说施特劳斯只停留于书斋风格的政治理论而两耳不闻政治现实。不过,施特劳斯也从未想过,自己的思想于身故之后居然在现实政治领域掀起了如此声势浩大的波澜。关于政治思想和政治现实之间的关系,历史上一直充满着各种猜测和判断。据说柏拉图哲学奠定了极权主义思想的根基,据说卢梭的政治思想塑造了法国大革命的精神,据说尼采的哲学思想影响了法西斯主义政治。据说,施特劳斯奠定了美国新保守主义的精神基础。施特劳斯一生的写作都在澄清哲学对于政治的超越,死后却被认为是美国的一个政治派别——新保守主义——的精神奠基者。一种时髦的流行判断认为,施特劳斯在政治思想上属于保守主义,在政治立场上属于右派。这种流传甚广的政治神话与施特劳斯那艰深难懂的著作显然构成了一种反讽关系。

从理论上论证这种流行观点的典型代表,当属加拿大的正派学者德鲁里(Shadia B. Drury)。她先后出版两部著作,不光系统地分析和批判了施特劳斯的政治理念,而且揭示和论述了施特劳斯政治思想和美国新保守主义在精神旨趣上若合符节。根据德鲁里的揭露,施特劳斯及其学派在思想层面无视对话而崇拜隐秘传承,在政治层面由于憎恶自由民主而崇尚精英权术,在经济层面反对国家干预而倡导自由放任政策,在社会层面(诸如教育、艺术、出版和传媒)则主张政府应该积极涉入,在宗教层面强调信仰的文化生命力,在性别问题上坚持男尊女卑的男权主义立场。[①] 如果德鲁里的分析都确切无疑,那么施特劳斯政治思想的路数可谓狭隘偏执、顽固保守到了无可救药的地步;不可思议的是,如此不合时宜的路数居然追随者众,自然更是令人愤懑。

---

① 德鲁里:《列奥·施特劳斯的政治观念》,张新刚、张源译,北京:新星出版社,2009年;德鲁里:《列奥·施特劳斯与美国右派》,刘华等译,上海:华东师范大学出版社,2006年。

说施特劳斯是美国新保守主义的思想教父和理论奠基人,其实是一个相当武断的说法。这个流行说法的背景是伊拉克战争,其流传的一个政治依据是,布什政府内的重要鹰派人物(最典型的是沃尔福威茨)曾经是施特劳斯的学生。实际上,沃尔夫威茨并不是施特劳斯的学生。况且,即便他真的是施特劳斯的学生,他的政治理念也未必就一定追随施特劳斯的思想。德鲁里的分析虽非一无是处,但其论断大抵属于片面之说、诛心之论。不过,由于这种论调体现出了对美国霸道政治乃至国际政治现实的一种道德批判,故而引起诸多共鸣。然而,多数从此论调者恐怕基于不假思索的义愤和人云亦云的方便。由此,形成了关于施特劳斯的一个政治神话。

在《施特劳斯与美帝国的政治》中,作者诺顿(Anne Norton)和德鲁里一样将新保守主义和施特劳斯分子绑在一起讨论,不过在一定程度上试图区隔施特劳斯和施特劳斯分子,从而将施特劳斯本人与施特劳斯分子分别开来。① 但是,诺顿的著作充满着趣闻逸事,而且重点关注施特劳斯分子,并没有真正从思想逻辑上论证施特劳斯和美国新保守主义的根本区别。格特弗里德(Paul Gottfried)则持中间路线,一方面否认施特劳斯政治哲学和新保守主义的关系像德

① Anne Norton, *Leo Strauss and the Politics of American Empire*, New Haven: Yale University Press, 2006.

鲁里所认为的那样直接，但是另一方面又认为两者并非全无关联。① 斯密什(Steven B. Smith)的《阅读施特劳斯：政治、哲学、犹太教》对施特劳斯和美国政治之间的关系做了较为稳健的分析，从思想上分别了施特劳斯的政治哲学精神和美国新保守主义的政策旨趣。② 不过从另一个角度来看，斯密什的论述在哲学上过于强调施特劳斯的怀疑主义，在一定意义上削弱了施特劳斯对古典政治哲学最佳政体理念及其意义的坚持。③

一个比较值得注意的观点出自曾经长期"自认为是一名新保守主义者"的福山(Francis Fukuyama)。关于施特劳斯和布什政府外交政策之间的关系，福山与德鲁里的观点截然相反。首先，福山指出，"关于列奥·施特劳斯与伊拉克战争之间联系的不实之词实际上比其他任何议题都多"，并且强调指出，"认为施特劳斯对布什政府的外交政策有影响是愚蠢的"。其次，福山认为，施特劳斯"酷爱"而非如德鲁里所

---

① Paul Gottfried, "On Straussian Teachings," *Modern Age* (Winter 2007): 77—81。新近出版的著作，参 Paul Gottfried, *Leo Strauss and the Conservative Movement in America*, Cambridge: Cambridge University Press, 2011.

② Steven B. Smith, *Reading Leo Strauss: Politics, Philosophy, Judaism*, Chicago: The University of Chicago Press, 156—201。中文译文参斯密什：《阅读施特劳斯：政治学、哲学、犹太教》，高艳芳、高翔译，北京：华夏出版社，2012 年。

③ Chen Jianhong, Review of *Reading Leo Strauss: Politics, Philosophy, Judaism* by Steven B. Smith, *Sino-Christian Studies: An International Journal of Bible, Theology & Philosophy*, No. 2 (December 2006): 220—225.

说的"憎恶"自由民主;正因为对自由民主的热爱,他担心现代性危机可能会瓦解西方传统的自信心。他教给学生的"不是一套关于公共政策的指示,而是一个认真对待和理解西方哲学传统的愿望"。换句话说,施特劳斯本人并没有制造出某种主义,是他的若干学生或者学生的学生开始把施特劳斯的学说政治化,并将其中思想作为当代公共政策的处方。最后,福山特别讨论了一个与施特劳斯思想以及布什政府都密切相关的思想,也就是"政权"(regime)思想。他指出,施特劳斯根据他对柏拉图和亚里士多德的解读,将政权理解为一种政治体制和非政治体制不断相互交融的生活方式;如果正确理解施特劳斯对政权的读解,就会发现"从他的理解中并不能导出"对布什政府把"政权变更"作为美国外交政策核心的支持,因为后者仅仅把政权理解为"一套有形的正式体制"。[①] 福山对施特劳斯虽无精深研究,但对这个问题的把握还是比较准确的:关于施特劳斯和伊拉克战争之间的联系基本上是"不实之词";如果正确理解施特劳斯,并不能从中找到对新保守主义外交政策的理论支持。

2006 年,(凯瑟琳和迈克尔)扎科特夫妇(Catherine and Michael Zuckert)合著的《施特劳斯的真相:政治哲学与美国民主》出版,详尽地检讨了施特劳斯作为新保守主义精神教

① 福山:《美国处在十字路口:民主、权力与新保守主义的遗产》,周琪译,北京:中国社会科学出版社,2008 年,第 18—28 页。

父这一政治神话的前因后果,分析了这一传说的不靠谱之处,勾勒了施特劳斯学派的共同之处和内部分野。对于抵销德鲁里著作对施特劳斯的政治攻击和理论歪曲,这部著作是目前为止一种能够起到较好疗效的消毒剂。①

关于施特劳斯的第二种神话纯粹局限于学术界,这种神话的肇端是德国学者迈尔的研究。我认为,这也需要谨慎而仔细的反思。迈尔的研究对中国学术界接受施特劳斯的思想起到了非常重要的作用,华夏出版社相继于 2002 年和 2004 年出版了迈尔的两部研究文集。迈尔的研究思路也因其独特的视角随之跃入中国研究者的视野。

迈尔思路的要点在于研究施特劳斯和施米特(Carl Schmitt)的思想对话,并由此定位各自的思想立场。其核心观点在于认为,施特劳斯和施米特的对话是一个政治哲学家和一个政治神学家的思想交锋。1988 年,在《施米特、施特劳斯和〈政治的概念〉》这篇短小、精悍而迷人的专题研究中,迈尔首次表达了他的核心观点。这篇专论的副标题是"论一场不在场的对话"。1995 年,芝加哥大学出版社出版了这篇专论的英译本,题为《施米特和施特劳斯:隐匿的对话》。这个专题研究的主题实际上是施米特的政治概念,所

---

① Catherine and Michael Zuckert, *The Truth about Leo Strauss: Political Philosophy and American Democracy*, Chicago: The University of Chicago Press, 2006. 凯瑟琳与迈克尔·扎科特:《施特劳斯的真相:政治哲学与美国民主》,宋菲菲译,北京:商务印书馆,2013 年。

涉主要文本为施米特的关键文本《政治的概念》以及施特劳斯1932年对《政治的概念》的评论。通过比较研究《政治的概念》三个版本(1927、1932、1933)尤其是后两个版本的增删修改,迈尔阐发了施米特和施特劳斯之间的思想对话。从考订版本变迁之中读出一场思想对话,这是迈尔研究的犀利和迷人之处。更为关键的是,迈尔不光因此重现了这场被人遗忘了的思想对话,而且由此勘定了两位政治思想家的根本立场:政治哲学对政治神学。

迈尔的起点在于确定施米特政治思想的根本,他首先致力于论证施米特政治思想的核心是政治神学。他强调,施米特政治理论的根本立足点在于启示,在于他的基督信仰。迈尔还认为,通过施特劳斯从政治哲学角度的批评,施米特的政治神学立场才变得明确而清晰起来。施特劳斯和施米特的对话因此是一个政治哲学家和一个政治神学家的思想交锋。迈尔这篇不到一百页的研究为施米特思想研究提供了一个新思路,由此引发了施米特研究中的所谓"神学转向"。[①]

在一定程度上,迈尔的这篇专论也为理解施特劳斯

---

① 迈尔:《隐匿的对话:施米特与施特劳斯》,朱雁冰、汪庆华等译,北京:华夏出版社,2002年;《古今之争中的核心问题:施米特的学说与施特劳斯的论题》,林国基等译,北京:华夏出版社,2004年。对迈尔思路的批评分析,参拙文"What Is Carl Schmitt's Political Theology?" *Interpretation: A Journal of Political Philosophy* Vol. 33 No. 2 (Spring 2006): 153—175。

提供了一个新的思路。但是,由于耶路撒冷和雅典之争本身就是施特劳斯思想中的一个重要因素,所以迈尔的研究思路在施特劳斯研究者中间的影响力度也不如它在施米特研究者中间所引起的反响力度。不过,迈尔的解释思路仍然独树一帜。迈尔的研究特别突出了施米特和施特劳斯之间的思想对话,在这个方面可谓开风气之先。整个研究细致入微,而且见树又见林,堪称学术研究中以小见大的典范。这个缜密研究令人意识到了,施米特和施特劳斯在 1932 年的思想对话对于理解施米特和施特劳斯这两位政治思想家的思想及其根本立场有着至关重要的指示作用。

不过,到底施米特和施特劳斯之间的这场对话是不是政治神学和政治哲学的思想交锋?这是一个关键问题。在迈尔的施米特研究之前,施米特通常被认为是一个政治存在主义者或者政治现实主义者;等而下之,则为一个政治投机分子或者政治纳粹分子。迈尔将施米特定位为神学意义上的政治神学家,从而在根本上颠覆了以往对施米特的种种刻画,因此引发了所谓施米特研究领域中的神学转向。迈尔认为,施米特在根本上是一个政治神学家,也就是说,神学信念是施米特政治思想的根基或者隐匿根基。迈尔对施米特的这个定位,随之者众,反之者亦众。随之者认为这个观点确实挖掘出了施米特思想的隐匿根基,反之者认为这种看法实际上是对施米特政治思想的神学歪曲。这种毁誉参半的现象至少可以提醒我们需要冷静思考:迈尔的思路和观点究竟是否完全可靠?

在迈尔之前,为什么就没有学者认识到施米特的政治神学立场?这涉及迈尔的另外一个看法:施米特在自由主义时代批判自由主义的时候运用了隐微术。他认为,施米特有意隐藏了其政治理论的神学根基。但是同时他又认为,当时有一个人准确地读出了施米特的隐秘神学根基。这个人就是施特劳斯。迈尔认为,施特劳斯在1932年的评论中已经准确地把握到了施米特隐秘的政治神学立场。这样,迈尔不仅为他自己的施米特神学化方案找到了一个重量级证人,而且还将施米特和施特劳斯的对话演绎为政治神学和政治哲学立场的一场较量。政治神学的根本点在于启示,在于信仰,政治哲学的立足点则在于人类理性。迈尔把施米特和施特劳斯对照来读,意在说明这两种立场的根本冲突。虽然施特劳斯和施米特的根本立场相互不可调和,但是迈尔认为他们都十分清楚对方的根本立场。总而言之,迈尔的研究包含着双重论证:就施米特而言,其根本立场在于政治神学,在于启示信仰;就施米特和施特劳斯的思想对话而言,两者的交锋是一场政治神学和政治哲学之间的较量。对于理解施米特和施特劳斯的思想及其根本立场,他们在1932年的思想对话有着至关重要的指示作用。

如果施特劳斯确实把施米特理解为一个政治神学家,迈尔的主要论点便获得了一个强有力的支持。如果并非如此,他便有利用施特劳斯为自己的观点作证之嫌。施特劳斯是否确实像迈尔宣称的那样，把施米特理解为一个政治神学家？这是一个根本问题。事实上，几乎没有明确的直接文本证据表明，施特劳斯认为施米特是一个政治神学家。相反，施特劳斯倒在1932年的书评中明确表示，施米特的反自由主义在根本上仍然没有逃脱现代自由主义的窠臼。[①] 2006年，剑桥大学出版社出版了迈尔的《施特劳斯与神学-政治问题》的英文本。此书后附施特劳斯的两篇讲演底稿，皆属首次整理出版，其中一篇（1940年）讨论第一次世界大战后德国哲学的精神演化。在这个演讲当中，施特劳斯提到施米特将政治权威视为最终权威。施特劳斯同时也提到，施米特对政治权威的最终诉求进一步演化为巴特对神学权威的最终诉求。[②] 显然，认为施米特的政治思路最终会导向巴特的神学思路是一回事儿，认为施米特本人的政治理论扎根于神学则是另一回事儿。总而言之，施特劳斯其实并没有把施米特看作一个政治神学家。

当然，从另一个角度来看，即使施特劳斯没有把施米特看作是一个政治神学家，也不能完全否定施米特是一个政治神学家的可能性。但是，这至少可以说明，迈尔的论证本身

---

① 施特劳斯：《〈政治的概念〉评注》，刘宗坤译，载刘小枫编：《施米特与政治法学》，上海：上海三联出版社，2002年，第10和24页。

② Strauss, "The Living Issue of German Postwar Philosophy," in Heinrich Meier, *Leo Strauss and the Theologico-Political Problem*, Cambridge: Cambridge University Press, 2006, 115—139, at 127—128.

并不恰当。迈尔把施米特和施特劳斯的对话读作是政治神学和政治哲学之争,基本上是施特劳斯的耶路撒冷和雅典之争这个命题的一个应用分析。但是,如果施特劳斯没有把施米特理解为一个政治神学家,那么这个运用本身便属无效。总体来看,施特劳斯更加认同对施米特的一种传统读法,也就是认为施米特是一个政治存在主义者或者说政治现实主义者。另外,施米特是否也像施特劳斯那样如此重视哲学与神学、理性与启示之争,也颇为可疑。迈尔运用施特劳斯的耶路撒冷和雅典之争这个命题,将施米特的政治神学和施特劳斯的政治哲学对立起来考虑。但是,迈尔模糊了施特劳斯对犹太教和基督教的分别,只是突出了耶路撒冷和雅典之间的一般紧张。

迈尔悉心而缜密的研究揭示了,施米特和施特劳斯之间有过一场精彩的思想对话。凡是关注施特劳斯和施米特之间思想对话的研究者,确实都无法忽视迈尔的研究思路。但迈尔的研究也的确创造了一个学术神话:施米特和施特劳斯之间的思想对话是一场政治神学和政治哲学的交锋。①

---

① 基于这个判断,我的博士论文就完全从另外一个角度重新解读施特劳斯和施米特之间的思想对话,详参 Chen Jianhong, *Between Politics and Philosophy: A Study of Leo Strauss in Dialogue with Carl Schmitt*, VDM Publishing, 2008。

# 三、耶路撒冷与雅典之争

通常来说，施特劳斯的思想中有三个争论至关重要：诗和哲学之争、古今之争或者说古今政治哲学之争，还有耶路撒冷和雅典之争。这三个争论也可以看作一个争论的三个方面。换句话说，这三个争论其实就是古典哲学在三条战线上作战。诗歌和哲学之争，主要就是指希腊哲学和希腊诗歌之间的紧张；古今之争，也就是指古代希腊哲学和现代哲学之争；耶路撒冷和雅典之争，也就是希腊哲学和圣经启示之争。

耶路撒冷和雅典是两座既古老又现代的城市。从现实政治的角度来看，耶路撒冷因为它与华盛顿的关系在一定程度上也体现了它在20世纪政治版图中的一定地位。但是，它毕竟不是20世纪世界政治格局的指挥和决策中心。雅典这座城市对20世纪政治现实的影响则可谓微乎其微。这些都是20世纪世界政治结构方面的现实情况。象征着20世纪世界政治核心的城市,在上半期可以说是伦敦和柏林之间的紧张,后半期则是华盛顿和莫斯科之间的紧张。20 世纪许多政治理论家的着眼点都关心伦敦和柏林、华盛顿和莫斯科的紧张关系,不管他的政治立场最终落在哪里。作为一个政治哲学家,施特劳斯为什么要去思考耶路撒冷和雅典这两个城市之间的紧张问题?或者更准确地说,为什么这两座城市对于一个政治哲学家来说具有非同一般的意义?

施特劳斯并非完全不关心伦敦和柏林、华盛顿和莫斯科之间的紧张,他并没有漠视世界政治现实版图中的紧张关系。但是,他显然更加重视两座古城——耶路撒冷和雅典——之间的紧张。作为 20 世纪的政治哲学家,施特劳斯更加关心耶路撒冷和雅典之争,而不是更加关心比如说伦敦和柏林、华盛顿和莫斯科之间的紧张。耶路撒冷和雅典已经不是世界政治格局的核心,但是这两座城市的名称包含着某种永恒的东西。正是这种永恒的东西,抓住了世世代代哲学家的心,也抓住了施特劳斯的心。这两座城市之名背负着西方文明的两种永恒因素。

耶路撒冷和雅典之争,在施特劳斯那里,也就是两种生活方式之争。一种生活方式的最终根据是启示信仰,另一种生活方式的最终根据则是理性分析。① 耶路撒冷一般而言

① 施特劳斯,《自然权利与历史》,彭刚译,北京:三联书店,2006 年,第 76—77 页。

代表着启示,代表着人类追求美好生活的神学之路;当然从具体来讲,耶路撒冷又可以单指犹太教。雅典一般而言代表着理性,代表着人类追求美好生活的哲学之路。当然,雅典还有辉煌的神话、诗歌和艺术成就。但是,一般而言,提及耶路撒冷和雅典之时,人们通常指启示和理性、神学和哲学之间的关系,代表了西方关于人类美好生活的两种思路,代表了西方文明的两种根本要素。

施特劳斯究竟如何看待宗教——尤其是犹太教——这个问题则众说纷纭。这些争论都在一定程度上根据施特劳斯关于哲学与神学关系的论述各取所需。所以,首先需要了解施特劳斯关于耶路撒冷和雅典之争、或者说神学和哲学之争的一些基本观点。

首先,哲学与神学是在根本上截然相反的两种生活方式。神学生活的根基在于神的启示,在于虔心服从神法;哲学生活的根基则在于人类理性,在于追求自由洞见。其次,哲学和神学作为不同的生活方式,在根本上不可通融。想要综合二者的企图,必然都以失败告终,因为综合二者的后果,要么是哲学成为神学的婢女,要么是神学成了哲学的牺牲品。最后,施特劳斯认为,西方思想的生命力恰恰就在于哲学和神学根本上的不可通融,在于保持这两种生活方式之间的紧张。

施特劳斯强调神学和哲学——也就是耶路撒冷和雅典——之间的紧张,这种强调显然和许多当代宗教思想家的观点不一致。比如说,新教神学家蒂利希和天主教神学家吉尔松都强调神学和哲学之间在根本上相通,也就是说哲学家的上帝和亚伯拉罕的上帝在根本上是一个上帝。① 不过,施特劳斯的立场也并非标新立异。从德尔图良到路德到帕斯卡尔再到克尔凯郭尔,耶路撒冷和雅典之间的紧张和冲突一直通过不同的方式得到强调。

施特劳斯强调这种紧张的根本原因,在于他认为哲学在本质上是非宗教的。作为试图以真知取代意见的努力,哲学必然不满足于大多数人所信奉的传统、习俗和宗教。哲学家在本质上是牛虻,在根本上质疑城邦及其公民视为当然的既定生活、习俗和宗教。另一方面,施特劳斯又强调,在言行上顺从自身所属共同体的习俗和信仰,则是成为一个哲学家的必要条件和政治义务。哲学生活如果自认为是完全正当的生活,它便不能随意削弱自身所属共同体的基础,因此必须学会尊重政治意见和宗教习俗。哲学在思想上是完全自由的,但要在言论和行为举止上注意自我约束。施特劳斯认为,古典哲学家及其在中世纪犹太和伊斯兰世界的追随者都对哲学的非宗教本质及其政治义务有非常深刻的领悟。他们都极其小心地隐藏他们的哲学思想与宗教之间的本质紧

---

① Paul Tillich, *Biblical Religion and the Search for the Ultimate Reality*, Chicago: The University of Chicago Press, 1955, 85; Étienne Gilson, *God and Philosophy*, New Heaven: Yale University Press, 1941, 103—104, 144.

张,并且在言行上公开捍卫哲学对宗教的顺从。

由于古典政治哲学家隐微教诲的方式,理性真理对于大多数人来说显得隐晦不明,资质平常的凡夫俗子对此完全不得要领。古典政治哲学家视此隐微/显白手法为政治义务。与此相反,现代启蒙哲学家则将古人刻意隐而晦之的教诲大白于天下。由此,施特劳斯认为古代和中世纪的理性启蒙本质上是隐微的,现代启蒙运动本质上则是显白的。[①] 现代哲学家不仅将哲学的非宗教性质全然公之于众,而且公开捍卫这种性质。这么做的目的在于企图一劳永逸地解放被束缚了的人类理性,从而使之彻底脱离外在权威尤其是宗教权威的束缚。比如,培根将知识区分为神学和哲学两大块,认为前者的根基在于神圣启示,后者则扎根于自然理性之光。[②] 又如,斯宾诺莎宣称,启示和哲学立于完全不同的根基之上,并且明确表示,其《神学政治论》的首要目的就在于把哲学从神学那里独立出来,从而赢得哲学理性的彻底自由。[③] 既然哲学与神学的分离自现代以来便是一个公开的秘密,那么施特劳斯对神学与哲学、耶路撒冷和雅典之间紧张关系的公

---

① Strauss, *Philosophy and Law*, trans. Eve Adler, Chicago: The University of Chicago Press, 1995, 102—103.

② F. Bacon, *Advancement of Learning*, Chicago: Encyclopaedia Britannica, 1952, Second Book, V: 1, XXV: 3.

③ Spinoza, *A Theologico-political Treatise*, *A Political Treatise*, trans. R. H. M. Elwes, New Heaven: Yale University Press, 1951, 9, 42, 183. Compare Strauss, *Persecution and the Art of Writing*, 165—166, 192.

开强调便也承续了现代哲学的传统。如此看来,施特劳斯便不是一个完全意义上的古典主义者。

施特劳斯一方面推崇古典政治哲学家的绝对隐微手法,另一方面又承续现代政治哲学家的路线,公开强调哲学与神学之间的紧张和冲突。究竟该如何理解这两者之间的矛盾呢?施特劳斯认为,无论今贤古哲都坚持哲学的非宗教本质。施特劳斯公开强调哲学的非宗教本质,可以说是坚持了现代启蒙者的立场。从这个角度来看,施特劳斯已经是一个很"现代"的哲学家。但是,施特劳斯毕竟和现代启蒙哲学又有重大分歧之处。现代启蒙将古代贤哲刻意隐藏的观点完全公之于众,因此他们在思想和言行上都表现出了十分彻底的坚决意志。他们放弃了古代政治哲学的绝对的隐微/显白手法,而采取了相对的隐微/显白手法,以达到彻底解放哲学理性的目的。在这一点上,施特劳斯又表现出了和现代哲学路线的不同。他更为欣赏古典政治哲学家的审慎品格而非现代政治哲学家的勇敢品格。也就是说,他对哲学理性是否可以并且应该大众化这个问题保持了谨慎的态度。这种谨慎态度源自对通过大众教育建立理性世界这一现代文明理想的根本怀疑。由于这一审慎态度,施特劳斯虽然和现代启蒙者一样公开强调哲学与神学的紧张,但是他的口吻远比后者温和。

现代启蒙的意图十分明显,就是要使哲学脱离神学的束缚和制约。施特劳斯则有意采取了一种貌似中立的口吻。他主要讨论“耶路撒冷和雅典之间的紧张”而非直接宣扬将哲学从神学的束缚下解放出来。这一种谈论方式至少给予了双方以同样的敬意，强调了它们之间的不可通融性。现代启蒙者则明确摆出和启示神学划清界限的姿态，并且实际上嘲笑启示神学为偏狭甚至迷信。施特劳斯以貌似中立的口吻将耶路撒冷和雅典相提并论，这很好地说明了一个政治哲学家的温顺品格。谈论耶路撒冷和雅典之间的紧张，不只是陈述虔敬生活和自由生活之间的冲突和不可通融，也同时暗示了哲学作为正当生活应当保持理性审慎的态度，应当显白地遵从城邦及其公民认可并遵从的宗教教诲。

那么，施特劳斯对耶路撒冷和雅典之争的强调，对于理解其思想整体有多大重要性？这只是施特劳斯思想的一个部分或者一个面相？它们具有同等的重要性，还是其中一个起着更为根本的作用？尤其是，到底如何定位耶路撒冷和雅典之争在施特劳斯思想中的地位？

并举耶路撒冷和雅典之时，施特劳斯所说的耶路撒冷主要指犹太教，尤其是传统犹太教所信奉的生活方式。在分析施特劳斯与施米特的思想对话之时，迈尔虽然应用了施特劳斯的思想框架，但也做了一个非常关键的修正。迈尔所解释的施米特政治神学立场，首先是基督教的，其次是反犹的。施米特的反犹态度和言论，一直就是一个非常有争议的问题。敏锐如迈尔者自然没有回避这个敏感问题，而是最终归之为宗教问题,因此也就区别了施米特的宗教反犹态度和纳粹的种族反犹政策。这个宗教根源问题实际上触及到了西方的一个根本问题:耶稣是不是基督?如果认信耶稣是基督,就是承认耶稣是救世主,是神。这也是基督教最为根本的信条。对于犹太人来说,耶稣只是一个人,是一个犹太人,而不是神。犹太人在源头上否认了基督教的根本信条。迈尔的解释隐含着这样一个意思:施米特既然是一个基督教政治神学家,那么他的反犹态度从宗教角度来看属于自然而然之事。

迈尔将施米特定位为一个基督教政治神学家,同时将施米特放到施特劳斯的思想框架中来理解。迈尔有意无意地忽略了一个重要的事实:施特劳斯实际上将耶路撒冷等同于传统犹太教。所以,要彻底理解施特劳斯关于耶路撒冷和雅典之争的论述,还需要弄清楚他怎么样理解犹太教,怎么样从犹太教的角度理解耶路撒冷和雅典之争。

在《迫害与写作的艺术》的前言中,施特劳斯明确说:“传统犹太教对哲学的问题也就是耶路撒冷和雅典的问题。”[1]从这个断言里面可以看到,施特劳斯把传统犹太教等同为耶路撒冷和雅典之争的耶路撒冷一方。这个等同,其实表现了施特劳斯思想的一个倾向。这个倾向就是,施特劳斯

---

① Strauss, *Persecution and the Art of Writing*, Chicago: The University of Chicago Press, 1952, 20.

实际上认为犹太教比基督教更为高明。那么,究竟高明在什么地方呢?

在《迫害与写作的艺术》的前言里,施特劳斯说明了传统犹太教和基督教之间的一些根本分别。主要分别可以大致归为两点,一是神的启示在传统犹太教那里是律法,在基督教那里则是教义信仰。二是哲学作为一种生活方式在传统犹太教世界中,它的地位一直是可疑的;在基督教那里,哲学则在神学体系中地位非常稳固。[①] 这样就涉及施特劳斯对哲学本身的看法。在他看来,犹太教对哲学本身的警惕,更好地把握了哲学作为一种生活方式的本质。哲学不断追问事物本质的热情,必然会最终动摇律法的根本,所以传统犹太教对哲学始终抱有深刻的怀疑和警惕。那么反过来呢,也恰恰因为这样,哲学作为一种生活方式也更好地保持了它的完整性和纯粹性。在基督教神学体系里边,神学对哲学本身不但没有敌意,而且把哲学作为进入神学殿堂的门槛学科。这样,哲学就成了基督教神学体系的坚实基础,但同时也不得不成为神学的婢女,因为它必须在根本上服务于神学信条。

施特劳斯还将基督教传统看作是现代性的根本渊源。1936 年,施特劳斯发表了论述迈蒙尼德和法拉比的一篇文章,文中强调了中世纪犹太-阿拉伯思想与古典思想在政治

---

① Strauss, *Persecution and the Art of Writing*, 8—9.

科学方面存在着"一种深刻的一致性",并且明确断言:"新约也许导致了而宗教改革和现代哲学则无疑导致了与古代思想的决裂。"①根据施特劳斯的分析,现代政治哲学企图通过启蒙让世人完全摆脱愚昧,摆脱宗教,从而建立一个理性的世界。这也就是说,这种启蒙教育是放之世界而皆准的理性教育。这个目标推到极致,就是要建立一个天下大同的人类世界。

就基督教和犹太教的关系来看,基督教是普世的宗教,而犹太教是一个民族的特殊宗教;因此,从犹太教到基督教有一个从特殊到普遍的飞跃。犹太教的主体局限于一个特殊民族,也就是犹太人。基督教则把信仰主体推广到所有世人。所以,从犹太教到基督教,便是从特殊民族的拯救到普世大众的拯救。根据犹太人的律法,神拣选犹太人作为神的子民。根据施特劳斯的解释,神选择犹太人并令他们受苦是为了向世人表明:这个世界得救的时刻还没有来临。犹太人坚持自己的选民身份,就是坚信救世主还没有来临。基督教把这个问题给解决了,因为对于基督教来说,救世主已经来临了,这就是耶稣基督。相信耶稣是基督,就得拯救。施特劳斯认为,现代哲学的大众启蒙和基督教的普世拯救是一种乌托邦,是一个不可能。所以,相对于基督教,施特劳斯倾向

---

① Strauss, "Some Remarks on the Political Science of Maimonides and Farabi," trans. Robert Bartlett, *Interpretation: A Journal of Political Philosophy*, 18(1990)1: 3—30, at 4—5.

于回到传统犹太教;相对于现代政治哲学,他倾向于回到古典政治哲学的精神。[①] 最后的问题是:究竟该怎样理解政治哲学和犹太智慧的关系问题?

在1962年的一次讲演中,施特劳斯将自身的思考主题确定为"犹太人问题"。[②] 施特劳斯不是一个政治哲学家吗?为什么他的思考主题反而是"犹太人问题"?

从哲学史的角度来看,是苏格拉底把哲学从天上带到地上,把自然哲学转变为伦理学。在这个意义上,苏格拉底是第一个政治哲学家。苏格拉底哲学使命的起点,在于对神谕的怀疑。神谕说,世间没有人比苏格拉底更加聪明。为了挑战这条神谕,苏格拉底想尽办法找世间的聪明人交谈。希望因此找到比他更为聪明的人,从而反驳神的谕示。犹太精神的起点和希腊哲学精神的起点完全不同。希腊哲学精神的起点是在接受神的谕示之时企图质疑神的谕示,犹太精神的起点则是完全服从神的律法。希腊人的智慧在于理性盘诘,在盘问中超越一切,犹太人的智慧则在于恭行上帝的诫命、谨守摩西律法。苏格拉底因其不依不饶的盘问而显智慧,犹太人则因恪守笃行神法而显其聪明。这是施特劳斯所论耶路撒冷和雅典之争的一个重要方面。

---

① 参见陈建洪:《施特劳斯论古今政治哲学及其文明理想》,《世界哲学》2008年第1期:第51—55页。

② Strauss, *Jewish Philosophy and the Crisis of Modernity: Essays and Lectures in Modern Jewish Thought*, edited with introduction by Kenneth Hart Green, New York: SUNY, 1997, 312.

同时,两者之间的一个根本的类似点对于理解施特劳斯所说的耶路撒冷和雅典之争也十分重要。希腊哲学和犹太传统都对普世教育和普世拯救持怀疑态度。传统犹太教坚持特殊拯救论,希腊哲学坚持少数人启蒙的观点。可以说,犹太民族作为民族在世上各族中的地位和苏格拉底作为个人在人群中的地位,有其类似之处。换个角度来说,犹太人作为民族在这个世界上所背负的命运和苏格拉底作为个人所背负的使命极为相似。

苏格拉底这样的哲学家人间稀有,散落在万千大众之中。其不依不饶的盘问既令人头痛,又令人警醒。哲学盘问表明了,哲学的目光所向根本就不在政治生活之内,虽然追求哲学者都置身于政治生活之中。只要哲学没有王位,哲学与政治在根本上的冲突就不会完结。哲学的存在见证了世界还没有摆脱恶。作为没有自己土地的民族,犹太人散落在尘世万族之中,以其笃信重重黑暗之中的上帝而贵为世上的稀有民族。对犹太人来说,尘世的一切王位皆为虚妄。犹太人的笃信表明了他们的落脚点也不在任何万族所依赖的政治生活,尽管他们不得不生活在万族之中。犹太人对神治的盼望与万族尘世政治之间的冲突不会完结。犹太人的存在见证了,弥赛亚还没有来临,世界还在恶的统治之下。犹太人的谨守神法在万民之中既赢得敬重,也引来嫉恨和迫害。

施特劳斯认为,犹太人散落万民之中受苦,这是拣选民族的使命。犹太人被捡选出来以证明救赎尚付阙如,这是犹太人作为捡选民族在这个世界上的使命。[①] 只要犹太人问题还没有解决,就表明弥赛亚还没有来临,世界就还没有得救。犹如苏格拉底是神送给雅典人民的礼物,犹太人是神送给尘世万民的礼物,用以警醒万民。所以,在这个世界上,犹太人问题无法解决,除非弥赛亚来临;就好像哲学与政治冲突无法缓和,除非哲学拥有王位。苏格拉底在一定意义上是神拣选的个人。这个人在世上的存在就证明了,世人还缺乏真正的知识和智慧。施特劳斯对耶路撒冷和雅典之争的特别强调,在一定程度上也令人容易忽略了:两种生活态度除了在根基上针锋相对之外,还拥有十分类似的高贵命运。

最后,需要强调一下理解这个耶路撒冷和雅典之争的另外一个重要维度。

1955 年,施特劳斯在耶路撒冷大学讲演《什么是政治哲学?》。开篇便说,政治哲学的主题——"义人之城、虔诚之城"——在耶路撒冷比在世界上任何其他地方都得到了更为严肃的对待。[②] 这句话说明了,追求完全正义和虔诚的城邦乃是耶路撒冷和雅典的共同主题。然而,两者通往正义之城的道路截然相反。一条道路是通过理论沉思建构一个绝对

---

① Strauss, *Jewish Philosophy and the Crisis of Modernity*, 327.

② Strauss, *What Is Political Philosophy*? Chicago: The University of Chicago Press, 1959, 9.

完美的正义城邦;另一条道路则是通过践行神法而渴望绝对完美的神治状态。如此说来,耶路撒冷和雅典之间的紧张也是理论和实践的紧张。在《神学和哲学的相互影响》这篇文章的第一节尾段,施特劳斯就直接将圣经传统和希腊传统的紧张归结为人类生活中最为基本的二元论:言与行的紧张。两者的紧张关系因此最终可以归结为言与行何者优先的问题。具体来说,雅典选择了言语的优先性,耶路撒冷则选择了行动的优先性。①

要真正理解施特劳斯所说的这种言行二元紧张,需要将这种紧张与对正义之城的两种真诚渴望和永恒追求结合起来分析。犹太律法强调在行动上服从摩西律法,服从上帝的诫命和捡选。犹太人之为拣选民族,他们要通过笃行律法而渴望正义之城的最后来临。正义是否最后来临以及何时来临,这一切都依赖于神。犹太人对正义之城的渴望以及他们在这个世界上的受苦,都表现出了最终的正义尚未来临。希腊政治哲学选择通过对话言辞建立最佳政治秩序,建立起"理想中的城邦"。只有哲学家称王,这个理想国才有可能。然而,哲学家称王的可能性微乎其微,完全依赖于那不可依赖的运气。所以格劳孔说,"这种城邦在地球上是找不到的"。但是,苏格拉底回答说,这样的城邦"现在存在还是将来才能存在,都没关系"。最重要的事情是,理性的人"只有

---

① Strauss, *Jewish Philosophy and the Crisis of Modernity*, 120.

在这种城邦里才能参加政治”。① 也就是说，哲学家的根基同样也不在这个大地上。

无论耶路撒冷还是雅典，从正面来说，都追求最完美的正义之城；从反面来说，都否定了人间政治现实的完满性。两者之间的根本争议在于究竟如何（通过行动还是通过言辞、通过实践还是通过理论）建立最佳政体，追求正义之城。两种对正义之城的追求道路虽然不同，但是都提醒并见证了世间尚未摆脱恶苦的事实。施特劳斯所说的耶路撒冷和雅典之争的问题，因此根本上要追踪到如何追求正义城邦和最佳政治秩序的问题。

---

① 柏拉图：《理想国》，郭斌和、张竹明译，北京：商务印书馆，1986年，592b。

# 四、政治哲学、隐微论与文明理想

作为20世纪著名的政治哲学家和政治哲学史家，施特劳斯虽然备受争议，但是也不折不扣地确立了一个流派：施特劳斯学派，不管我们怎样看待以他命名的这个流派。也恰恰因为他解读西方政治哲学史的独特眼光和思路，施特劳斯的名字和思想始终缠绕着挥之不去的争议和误解。施特劳斯研究政治思想史的特色究竟是什么？首先在于他重点强调西方政治思想史中的政治哲学史。政治思想史虽然只是思想史研究的一支一脉，但仍然是一个非常宽泛的领域。它研究一切有关政治的思想，政治哲学史则是一个相对狭窄的领域。比如说，丘吉尔和希特勒的政治观念可以是政治思想史的研究对象，但不大可能是政治哲学史的研究对象。政治哲学首先来说是对政治的哲学处理；对于施特劳斯来说，政治哲学则更是哲学的政治学，也就是对哲学的政治处理。因此,要想理解施特劳斯如何解读政治哲学史,一个前提是要从思想上定位他如何理解政治哲学。施特劳斯倾其毕生精力探索政治哲学的本质及其历史沿革。换句话说,施特劳斯毕生都在思索究竟什么是政治哲学以及政治哲学的兴衰命运。那么,究竟什么是施特劳斯的政治哲学或者说施特劳斯所心仪的政治哲学?这是阅读施特劳斯所碰到的首要问题。

## (一)什么是政治哲学?

在通常意义上,政治哲学首先意味着对政治的哲学思考。如果从一个更为宽泛的角度去理解,政治哲学也意味着对政治的种种思考。对施特劳斯来说,政治哲学需要从严格意义上去理解,也就是说对政治的*哲学理解*。从词源上看,哲学乃是对智慧的追求,对真正整全知识的追求。那么,作为对政治的哲学理解,政治哲学便是对政治智慧的追求,对政治真知的追求。既然政治哲学是对政治智慧的追求,那么说明政治哲学并不满足于一般的政治意见,也不同于从其他角度思考政治的观点。因此,政治哲学需要和政治思想、政治理论、政治神学、社会哲学和政治科学这些概念区别开来。

在《什么是政治哲学?》中,施特劳斯明确区分了政治哲学和其他几个大概念。首先,政治哲学是对政治的哲学反思,政治思想则是关于政治的一切思想。就政治哲学与政治理论的区分而言,与政治哲学相同,政治理论是对政治处境的全面反思;与政治哲学不同,政治理论的全面反思最终是为了引出一套宏观政策,而非追求政治的最终真理。政治哲学和政治神学的根本区分在于,政治神学乃是以神的启示为基础的政治学说,而政治哲学则诉诸人类理性。政治哲学和社会哲学都以政治事务为主题,但是两者的观察点并不相同。政治哲学将政治体——国家或者民族——看作是最为全面和最为权威的机构,而社会哲学仅把政治机构看作是"社会"整体的一个部分。最后是政治哲学与政治科学之间的区别。在施特劳斯的对比讨论中,政治科学既指以自然科学为模范、以现代方法论为指导对政治事务的经验研究,也指以收集和分析政治材料和数据为要务的科研工作。与前一种意义上的政治科学不同,政治哲学并不以自然科学为模范,而是自有门径,追问何谓正当的政治秩序;与后一种意义上的政治科学不同,政治哲学并不满足于对政治事实的材料分析,而追求政治的真知识。① 需要注意,在区分这些概念的时候,施特劳斯都在特定意义或者派生意义上谈论政治理论和政治科学。如果从原本意义上来理解理论(*theoria*)和科学(*epistēmē*),那么政治哲学、政治理论和政治科学三者同指。

政治哲学是哲学的一个部门。哲学追求真知和智慧,追究万事万物的本质。如此,政治哲学便是追求政治知识和智

---

① Leo Strauss, *What Is Political Philosophy? And Other Studies*, Chicago: The University of Chicago Press, 1959, pp. 10—14.

慧,追究政治的本质。政治哲学既追求政治的真知识,便不满足于通常的政治见解和日常意见。然而,通常的政治见解和日常意见却是一个政治社会的根本成分。政治哲学既然要超越甚至克服通常的政治见解和日常意见,必然会触及政治社会的根本。如果政治哲学的努力本身在根本上可能危及政治社会本身的构成要素,那么政治哲学便需回答政治社会的质问:为什么政治哲学仍然必要?①

哲学追求知识和智慧,目的自然是要追求更好的生活。如苏格拉底所说,未经反思的生活乃是浑浑噩噩的生活。同理,政治哲学的根本目的显然也是追求更好的政治和社会生活。如果没有政治哲学,那么人们仅满足于生活在政治洞穴之中。因此,政治哲学的努力在于将人们带出政治洞穴而面对政治的真知识、真智慧,认识美好的政治生活和完善的政治社会。然而,如果政治哲学的探索在根本上危及政治社会的基础,那么政治哲学在回答了其自身必要性问题之后仍然需要认真思考:如何才能既保持政治哲学超越政治洞穴的可能性,又不危及政治哲学身处其中的政治社会本身。无论政治哲学在多大程度上超越了政治洞穴,政治哲学毕竟只有在政治社会中才有其可能。没有政治社会本身的土壤,政治哲学也就无从谈起。而且,既然政治哲学的目的在于追求美好的政治生活和

---

① 同参迈尔,《隐匿的对话——施米特与施特劳斯》,朱雁冰、汪庆华等译,北京:华夏出版社,2002 年,第 106—126 页。

完善的政治社会，那么政治哲学便需要将政治社会引向更好和更完善的方向，而非引向政治社会本身的瓦解。这也是施特劳斯眼中政治哲学的另一重意思，也即对哲学的**政治理解**。

究竟如何可以既保留哲学对政治的超越，又不危及政治本身的基础？这便触及施特劳斯政治哲学思想的精髓。对施特劳斯来说，政治哲学不仅仅意味着关于政治的哲学思考。更为重要的是，它也意味着哲学的政治姿态。换句话说，政治哲学不光是关于政治的哲学，也是哲学的政治学。它是讲政治的哲学。所谓讲政治的哲学，也就是说它顾及了政治。也可以说，它兼顾了哲学意义的至善和政治意义的良善。如何才能二者得兼？施特劳斯的答案是双重教诲论，也就是隐微/显白双重教诲的学说。

## （二）隐微论

施特劳斯之所以成为施特劳斯，最为关键的是他的双重教诲理论。这个理论既为他带来与众不同的声名，也经常招致学人的指责和诟病；既催发诸多争论，也引起无数误解。虽然施特劳斯这个名字始终伴随着争议。但是，在其生前与诸多理论家和学者的交锋，应该没有太多离谱的误解。这些误解，在其死后逐渐增多，而且并没有随着研究著作的急剧增加而有所减少。

施特劳斯据说是一个提倡撒谎的政治哲学家。这个说法听起来有些简单化了,但是也比较直接。用更为粗俗的概括来形容,施特劳斯隐微显白论的根本精神就在于见人说人话,见鬼说鬼话,而且要是能见到神,那就得编神话。这种说法的基本思想根源在于从非常简单而鄙夷的角度来理解施特劳斯所倡导的古典政治哲学的微言大义论。也就是说,施特劳斯所论显白教诲,经常被简单等同为哲学家对政治大众的傲慢态度和欺骗手段。比如,德鲁里(Shadia B. Drury)就明确断言:"施特劳斯认为哲学家的角色不是把关于太阳真理的知识带入洞穴,而是去操纵洞穴中的影像。他教导哲学家必须向大众编造谎言,而他们自己却拥抱黑暗。"国内青年学者如吴冠军也从理论上对施特劳斯的隐微论提出了许多质疑和批评,比较突出的批评理据主要有两点。第一,隐微论如适用于施特劳斯本人所提出的隐微论,便会造成自我矛盾或者吊诡的现象;所以,直接介绍和讨论隐微论是对隐微论的"嘲讽和背叛",只有对它不置一词,才是对隐微论的实质继承。第二,施特劳斯的言外之意阅读法不仅有"真理化"和"特权化"自身的阅读和阐释路径的嫌疑,而且其隐微写作论实际上遮盖了"哲人一个根本的无能,即最终无法言说出真理。'隐微写作'这一操作使得无能者躲入洞穴中,通过贬低洞外的大众而抬高自身,从而遮盖自己的根本性无能"。①这两点批评并非

① 吴冠军:《日常现实的变态核心》,北京:新星出版社,2006年,第169—170页;《爱与死的幽灵学》,长春:吉林出版集团,2008年,第58—59页。

全无道理,但是没有说清楚,施特劳斯所说的隐微论传统到底想要隐藏什么东西而且为什么需要隐藏。

施特劳斯认为,真正哲学家的学说中都包含着双重教诲:隐微和显白的教诲。①

施特劳斯的这个双重教诲理论大致可以从四个角度来理解。从学说本身的意图来看,真正的哲学学说都包含着哲学的隐微学说和政治的显白学说。前者包含着哲学家的真实意图,后者则是这种真实意图的保护色;从受众来看,隐微教诲可称为"私密教诲",其受众为极少数资质出众者;显白教诲可称为"公众教诲",是迎合大多数人理解力的教诲;从文本结构来看,经典哲学文本包含着两层意义,内在的真实意义和外在的表面意义。最后,从写作的艺术手法来看,哲学家通过隐微/显白的写作方式,将其哲学意图和政治意图编织在一起,将内在义和外在义糅合在文本之中。因此,既向资质出众的潜在哲学家展现了其隐微哲学教诲,又以其显白政治教诲迎合了大多数人的理解力。从另一个角度来看,这种隐微/显白的写作方式既向大多数凡夫俗子隐藏了哲学教诲,又引导极少数出众才子领悟显白学说的必要性。所谓向凡夫俗子隐藏了哲学教诲,并非隐藏到了

---

① See Leo Strauss, *Persecution and the Art of Writing*, Chicago: The University of Chicago Press, 1952, pp. 22—37; idem, "Exoteric Teaching," in *The Rebirth of Classical Political Rationalism: An Introduction to the Thought of Leo Strauss*, ed. Thomas L. Pangle, Chicago: The University of Chicago Press, 1989, pp. 63—71.

完全看不见的地方，而是由于这种写作的艺术性和理解力所限，大多数人对近在眼前的哲学学说视而不见。那么，有没有可能隐微的哲学教诲会被不该看到的人识破并遭到揭发呢？施特劳斯对这个问题的答案是，凡能意识到隐微/显白双重教诲的人，必会先领悟到双重教诲的苦心真谛。所谓苦心，它兼顾哲学和政治的良善；所谓真谛，它是为了追求真正的人间至善。

明白了隐微/显白论的基本意思之后，需要再分析施特劳斯隐微/显白理论的根据。施特劳斯对此根据问题的一个明显回答相当简单：因为考虑到迫害的因素。这从他因之成名的著作标题便可看出：《迫害与写作的艺术》。施特劳斯所说的迫害，所指范围相当宽泛，包括最为严厉的宗教裁判和最为温和的社会排斥（social ostracism）。最为常见的迫害形式则通常介乎两者之间。那么，施特劳斯最为关心的迫害形式是什么呢？这便要从施特劳斯的一个哲学信念开始：在哲学家和凡夫俗子之间存在着一个不可逾越的鸿沟。施特劳斯把智者与俗人之间、哲人与大众之间的鸿沟看作是人间的一个基本事实。① 也就是说，这个鸿沟不只是暂时存在于某一时代，而是人世间亘古不变的一个基本事实。施特劳斯用“鸿沟”一词非常形象地说明智者和大众之间的距离。不过，需要注意两者之间存在着“鸿沟”并不意味着两者全无

---

① Leo Strauss, *Persecution and the Art of Writing*, pp. 32—34.

瓜葛。两者皆生活在政治共同体之中。为了人间社会的福祉，哲学家不能也不应离弃政治生活而独省其身。施特劳斯所用“鸿沟”一词主要意指两者在根本生活态度上的不可通融。

作为人性的基本事实，智者与大众之间的鸿沟说明了思想本身与社会本身的根本关系。也就是说，思想本身与社会本身之间存在着根本性的紧张关系。在这一点上，施特劳斯将自己与知识社会学的观察角度对立起来。在《迫害与写作的艺术》一书导言中，施特劳斯对两个概念作出区分：哲学社会学和知识社会学。[①] 施特劳斯这里所说的哲学社会学，也就是他后来所定义的政治哲学。知识社会学认为不同类型的思想与不同类型的社会之间存在着对应和谐关系。它出现的土壤是这样一个社会观念：思想和社会之间，或者说知识进程和社会进程之间，是一种本质和谐的关系。因此，知识社会学从不同的哲学思想里面看到了相应不同的社会、阶级或者部落精神。总而言之，知识社会学主要关心特定思想形式和特定社会形式的结构一致性。施特劳斯所理解的哲学社会学则关乎思想本身和社会本身的根本关系。在施特劳斯看来，思想本身和社会本身的根本关系是一种根本的紧张或者冲突关系。知识社会学完全忽略了这个冲突关系。这样，施特劳斯就否定了思想和社会之间是一种本质和谐的

---

① Leo Strauss, *Persecution and the Art of Writing*, pp. 7—8.

关系,从而强调了哲学和政治之间的紧张关系。[①] 施特劳斯对知识社会学的另一点批评是,知识社会学没有看到这样一种可能性:有一种因素将不同时代的真正哲学家凝聚在一起;这种因素比一个特定哲学家与其自身社会之间的纽带关系更为根本。哲学家之为哲学家,在于其追求替代日常意见的真知,而政治社会的根本恰恰在于日常意见。哲学家因此在根本上质疑政治社会的基础。在这个意义上,哲学对于社会有根本的危险性。另一方面,由于哲学对于社会的危险性,哲学事业本身在社会中也处于危险的位置。哲学质疑社会的基础、质疑政治价值的完善性,因此可能引致社会对哲学事业的压抑和迫害。因此,哲学在政治社会里面的地位是不稳固的,是可疑的。[②]

鉴于哲学在社会中的可疑位置,哲学需要采取双重行动。"政治哲学"便是哲学对自身的双重辩护。在消极方面来看,哲学需要将自身向社会的大多数凡夫俗子隐藏起来,因此避免来自政治大多数人的疑虑甚至迫害。从积极方面来看,哲学还需要辩明自身追求的政治正当性。需要辨明哲学乃是正确的生活方式,而政治社会在根本上无法摆脱意见。如果哲学乃是正确的生活方式,那么哲学家便有义务教育秉赋出色的青年人进入哲学之路,引导未来的政治社会领

---

① Cf. Jianhong Chen, "What Is Carl Schmitt's Political Theology?" *Interpretation: A Journal of Political Philosophy*, Vol. 33 No. 2 (Spring 2006): pp. 168—169.

② Leo Strauss, *Persecution and the Art of Writing*, p. 18.

导人认识到哲学对于政治的根本改良有正面的而非负面的作用。政治哲学因此具有双重功能:保护功能和教育功能。

如果真正意识到政治哲学也就是显白教诲的双重功能,可以避免对施特劳斯的很多误解。在很多情况下,这些误解都只强调施特劳斯政治哲学的自我保护功能,而忽略了它的教育功能。① 更有甚者,显白教诲仅仅被简单等同为哲学家对政治大众的傲慢态度和欺骗手段。这种误解仅仅看到了施特劳斯强调哲学对政治的超越以及两者之间的对立,但忽视了施特劳斯同样强调哲学政治对社会精英的政治教育功能和崇高目的。

## (三) 古今政治哲学

施特劳斯如何思考政治哲学的历史沿革?

关于这个问题,施特劳斯思想中的一个重大方面便是古今之争,也就是古今政治哲学之争这个错综复杂的问题。众所周知,施特劳斯是古典政治哲学的忠实拥护者,因此是现代政治哲学的严厉批评者。然而,施特劳斯并非纯粹为了厚古而薄今,或者反过来纯粹为了薄今而厚古。施特劳斯非常清楚地强调,没有直接通往古人的便捷道路。只有深入理解现代政治哲学奠基人对古典政治哲学的攻击及其意图,才能

---

① See Leo Strauss, *Persecution and the Art of Writing*, pp. 36—37.

为清楚理解古典政治哲学获得基础。这也是为什么施特劳斯不断要首先回到现代政治哲学的奠基处。

根据施特劳斯的分析,大致可以从以下几个方面去理解古今政治哲学之间的重要分别。

首先,两者对政治社会的基础有截然不同的理解。古人把有别于非常状态的正常状态作为他们政治理论的考虑标准,而现代政治哲学家则将例外和极端状态作为理论标准。现代政治哲学家之所以把极端状态作为理论标准,是因为他们认为极端状态比正常状态更好地表明了公民社会的根源和真正特征。① 在这一点上,霍布斯是一个绝佳例子。他的道德和政治理论都建立在对极端状态的理解之上。② 非常的自然状态被确定为正常的政治状态的基础。施特劳斯本人则崇奉他所理解的古代政治哲学家,把正常的法律状态而非把非常状态作为他政治哲学的起点和标准。这两种考虑涉及对自然尤其是人性自然的两种不同理解。现代政治哲学家认为人性本恶,但是这种恶是无辜的恶,也就是无涉道德之恶。为了摆脱和克服这种自然之恶,人类理性需要人为建立一个事实上的完美政治实体,通过法律和惩罚来防范人间恶。古代政治哲学家对人性自然和人间恶有着不同的理

---

① Leo Strauss, *What Is Political Philosophy? And Other Studies*, p. 47; Idem, *Natural Right and History*, Chicago: The University of Chicago Press, 1953, p. 179.

② Leo Strauss, *Natural Right and History*, Chicago: The University of Chicago Press, 1953, p. 196.

解。他们认为人间恶乃是道德恶而非无辜之恶。这种道德恶的缘由恰恰是人性中对自然理性的普遍不信任。为了驯顺这种道德恶,人类需要通过语言建立一个完美的政治实体。这个语言城邦的完美性彰显了人间的政治城邦未臻完美,因此也说明了人间道德之恶积重难返。另一方面,这个完美城邦只存在语言之中也表明了,古典政治哲学家并不迷信人类理性能力的慎重态度。

其次,古今政治哲学看待理性教育的态度不同。现代政治哲学认为人性恶乃是无辜恶,因此可以通过理性教育来逐步克服。如此,现代政治哲学企图通过普世理性启蒙让世人彻底摆脱愚昧,摆脱宗教,从而建立一个理性的世界。现代政治哲学的理性启蒙对象是世间所有人,也就是说所有人都可以教育而摆脱无辜恶,摆脱蒙昧。因此,这种启蒙教育是放之世界而皆准的理性教育,是适用于所有人的。换句话说,它是普世的。这个教育的目标在于建立理性的人类新社会,最终目标就是天下大同的理想。古代政治哲学对理性能力的态度没有现代政治哲学那么勇往直前。它对人类社会完全根据理性而生活的能力持非常谨慎的态度。也正因此,它始终把绝对的理想国家置于语言之中。由于对人间道德恶的冥顽不灵有更为深刻的洞察,古典政治哲学对通过普世理性教育克服人间恶的想法并不乐观。① 所以,它所采取的

---

① Leo Strauss, *Persecution and the Art of Writing*, pp. 33—34.

教育策略是高等精英教育。通过结合哲学理性和政治激情，驯顺人间的道德恶，而有效地引导大多数人避恶趋善。在这一点上，福山的判断相当准确："如果说施特劳斯对现代启蒙运动计划的怀疑含有任何一个中心主题的话，那么他所怀疑的就是这样一种观点：理性本身足以建立一个持久的政治秩序，或者说，非理性的神示能够从政治中被清除掉。"①

再次，对理性教育信念的不同态度，导致了古今政治哲学对隐微/显白论的不同理解。施特劳斯认为，所有真正的古典哲学家都坚持双重教诲并实践隐微/显白写作的方式。这种传统并没有随着现代政治哲学的兴起而消失。在施特劳斯看来，至少迟至 18 世纪末段，仍有哲学家和思想家（比如莱布尼茨和莱辛）明确地坚持隐微/显白双重教诲和实践这种写作的艺术。② 只是在历史意识的兴起并主宰思想主流之后，这种意义上的政治哲学才逐渐衰落甚至消失。那么，古今政治哲学的隐微/显白论之间是否没有实质分别呢？答案是两者确实有别。由于对理性教育和对文明理想的不同理解，古今政治哲学对隐微/显白论也有不同理解。在施特劳斯的讨论中，虽然没有明确区分两种隐微/显白论，但是他也指出了古今政治哲学对隐微/显白论的不同理解。古典政治哲学由于其对理性能力的审慎理解，坚持认为隐微的哲

---

① 福山，前引书，第 27 页。

② Leo Strauss, "Exoteric Teaching," p. 64.

学真理不可能也不应该显白于天下大众，少数和多数之间的鸿沟不可逾越。[①] 所以，古典的隐微/显白论可以称之为是一种绝对的隐微论。与古代政治哲学的审慎比较而言，现代政治哲学大胆地认为政治压迫的问题并非不可解决。它希望通过理性教育和大众启蒙，也就是通过推行思想和言论的彻底自由，一劳永逸地解决哲学与政治、思想与社会之间的根本紧张问题。所以，现代政治哲学的隐微/显白论是一种相对的隐微论。[②] 所谓相对的隐微论，也就是说现代政治哲学家只是在一定程度上隐藏了他们的真正观点，这种程度足以使自身避免遭受迫害便够了。如果他们把自己的真正目的隐藏得更为隐秘，那么他们便不可能达到自身努力的目标：废除政治迫害现象，大力推行大众教育，建立一个完全理性的公开社会。[③]

最后，古今政治哲学在隐微/显白论方面的区别直接与两者所持的不同文明理想相关。也就是说，古今政治哲学对理想国家有不同理解。古典政治哲学家所理解的理想国家，

---

① Leo Strauss, *Persecution and the Art of Writing*, p. 34.

② 近些年来，已有论者正确地区分了“有条件的隐微论”和“无条件的隐微论”，或者区分了施特劳斯学说中的弱版本（也即现代版本）和强版本（古代版本）的隐微论。详参 Paul J. Bagley, “On the Practice of Esotericism,” *Journal of the History of Ideas*, Vol. 53 No. 2 (Apr. -Jun. 1992): pp. 231—247; Michael L Frazer, “Esotericism Ancient and Modern: Strauss contra Straussianism on the Art of Political-Philosophical Writing,” *Political Theory* 34 (2006) 1: pp. 33—61。

③ See Leo Strauss, *Persecution and the Art of Writing*, p. 34.

其前提条件是人类身体和灵魂同臻完美之境。古典政治哲学家对此理想国家在事实上的实现并没有过多的幻想,但是仍然坚持把这种理想国家作为人间政治体的典范,以警醒人类政治尚未摆脱无可摆脱的恶。现代政治哲学家既认为无辜之恶可以通过政治法律手段来克服,便把目标转向未来,通过人类理性建立一个事实上的完美国家,这就是天下大同的理想政治社会。霍布斯的利维坦、黑格尔的理性国家和马克思的共产主义社会都可以理解作现代意义上的未来完美社会的不同形式。

## (四) 古今文明理想

施特劳斯常说,现代政治哲学降低了古代政治哲学的道德标准,以实现自身的理想和目标。如何理解这个说法呢?古典政治哲学家所设想的理想国家仅存在于语言之中。恰恰因为仅存在于语言之中,较之现实中的任何城邦,它就是非历史的、完美的和绝对的标准。现代政治哲学家企图把这个绝对城邦历史化和现实化,使之成为人类历史的完美终结点。为了历史化和现实化古典理想,现代政治哲学不得不首先降低道德标准。古代理想的前提过高,所以几无实现的可能性。古代理想的这个前提就是确保人类身体和灵魂同臻完美之境。现代政治哲学为了提高实现这种文明理想的可能性,便降低了古典政治哲学的标准,放弃了灵魂方面的要求，仅仅满足于人类身体方面的安全。所以，现代完美国家的首要任务便在于确保公民身体的安全，灵魂方面的修养则属于国家不可随便侵犯的禁区。

现代政治哲学在道德标准方面的降低，在施特劳斯看来，事实上一方面放弃了古典政治哲学家为人类政治生活所设定的绝对标准，另一方面为人类政治生活埋下了隐忧。一个隐忧是，为了实现未来完美国家的理想，任何手段可能因此被认为是正当的。另一个隐忧是，既无绝对的理想标准，现实诸城邦之间在根本上便无善恶良莠之分，人类生活从而处于无可救药的纷争状态，也即陷入霍布斯意义上的自然状态。

1941 年，二战尚未结束，施特劳斯在美国发表了一个讲演，探讨德国虚无主义的本质及其精神渊源。这个讲演大体上可分为两个部分来读。前半部分主要阐述德国虚无主义是对现代文明理想的反动；后半部分则进一步说明德国虚无主义不仅是对现代文明理想的反动，而且是对文明理想本身的否定。①

所谓现代文明理想，其主旨就是建立一个天下大同的公平社会，建立一个彻底启蒙的光明王国。这个文明理想曾经激励了若干代的现代有识之士，至今血脉未断。然而，在德

---

① Leo Strauss, "German Nihilism," edited by David Janssens and Daniel Tanguay, *Interpretation: A Journal of Political Philosophy* Vol. 26 No. 3 (Spring 1999): 353—378.

国,这个理想遭受到了最可怕的政治挑战和最深刻的哲学挑战。最可怕的政治挑战就是自由主义政治理念的衰落和纳粹政治理念的兴起。最深刻的哲学挑战就是对哲学理性原则的彻底历史化和世间化。这两股挑战力量并非完全偶然地同时折射了德国虚无主义的精神特征。德国虚无主义不仅对现代文明理想——无论自由主义的还是马克思主义的——不再心存幻念,而且抛弃了古今政治哲学共同保育的理性精神。也就是说,德国虚无主义放弃了依据理性建立和追求至善社会的根本理念,也即放弃了理性原则本身。但是,德国**哲学**的虚无主义也确有其深刻之处。它不是简单放弃或者忽视传统的理性原则,而是毫不留情地对它进行了历史的解构。根据这这种深刻的解构,传统的理性原则不过是作为时间的存在,作为存在的历史发生。

现代文明理想既然已经失落,理性文明原则本身也已被历史地解构掉了,那么,德国虚无主义自身的根基落在何处?回到虚无。准确地说,回到霍布斯所说的自然状态。当代政治理论最完美地体现了这一点的是施米特的政治理论。施米特认为,政治的标准就是划分敌友的意识。施米特所说的敌友划分主要是就国家与国家关系层面而言。施米特关于政治的定义是一个双重否定。它既否定了建立未来天下大同世界的现代文明理想,也否认了完美政治理念的古典文明理想。施米特认定,政治是人类无可逃避的宿命。施米特和霍布斯的根本不同在于,霍布斯认为自然状态需要克服,而施米特则认为政治就是人类无法克服的宿命。由此,施米特揭示了人类生活的一个可怕事实:政治乃是生存命运。该如何面对残酷的政治事实呢?古典政治哲学通过语言辩证法建立一个完美的理想城邦,一方面以此来缓和人类生活的苦痛,另一方面以此来提醒人类建立文明生活的无比艰难。现代政治哲学抛弃了古代的完美政治理想,转而寻求建立未来的天下大同世界,以此来克服霍布斯意义上的自然状态和施米特意义上的政治状态。施米特的政治理论所代表的德国虚无主义则放弃了古今文明理想,转而采取勇敢地直面冷酷政治事实的态度。

为什么就不能真诚地面对人类生活其实就一直处于纷争状态这一事实呢?这恰恰是施米特政治理论的真诚态度。施米特的政治概念认定,人间的政治纷争乃是人性无可摆脱的命运。[①] 它既否定现代政治哲学的未来完美国家理念,也不承认古典政治哲学的永恒完美国家理想。它直接而且勇敢地面对赤裸裸的人间政治事实。在施特劳斯看来,这种真诚态度既是对现代政治哲学未来完美国家理想的反叛,也是现代政治哲学历史化古典理想的必然产物。这种真诚态度彻底放弃了古今政治哲学都抱有的理性文明理想。

---

① 参施米特,《政治的概念》,刘宗坤等译,上海:上海人民,2003年,第128—205页。同参施特劳斯,《〈政治的概念〉评注》,刘宗坤译,载刘小枫编,《施米特与政治法学》,上海:上海三联,2002年,第1—25页。

德鲁里认为，施特劳斯的政治哲学将施米特的政治概念神学化，因此也将施米特的政治理论极端化了。[①] 这个结论看到了施特劳斯和施米特一样对现代政治哲学路线持批评态度，但没有看到施特劳斯并不像施米特那样直接了当地放弃理性原则本身。施特劳斯始终坚持古典政治哲学通过语言辩证法建立完美城邦的必要性和可行性。德鲁里认为施特劳斯政治思想是美国新保守主义的理论根源，根本上在于她把施特劳斯思想看作是德国虚无主义的极端化变异。这是一个认识错误。其实，美国新保守主义所奉行的政治理念和政策在很大程度上暗中推行施米特的政治理念，而不是实行施特劳斯的政治哲学。在一定程度上，是一个嫁接，以美国军事政治实力建立美国治下的世界和平。这种方式实质上是以施米特政治原则延续现代文明理想，在新世纪建立一个新的世界帝国。这一点在根本上和施特劳斯的政治哲学精神相抵触。

---

① 德鲁里，《列奥·施特劳斯与美国右派》，第 101—109 页。

# 五、施特劳斯与三种政治理念

施特劳斯从来就不是一个纯粹的历史学家,而是一个哲学家,这一点跟剑桥学派的斯金纳完全相反。斯金纳是一个纯粹的历史学家,而不是一个哲学家。斯金纳从一开始就否认哲学的永恒问题,他认为哲学家们所提出来的各种问题和各种理论,只有放在它们的社会-历史-语言的语境中才能够得到恰当的理解。在这一点上,伯林和斯金纳类似,虽然两人的路子相差较远。伯林强调价值多元论,也就是说价值之间不可通约,不可妥协,只有选择理性沟通并且接受相对存在。斯金纳否认,卓越的哲学家有可能超越他们的时代而结成一个独一无二的群体。施特劳斯则恰恰把这个观点看作是当代思想史研究进路的一个错误。当代思想史研究特别强调特定思想和某一特定社会之间、知识发展和社会发展之间的密切关系。但是,它完全忽视了这样一种可能性,也就是卓越的哲学家们自成一脉。施特劳斯坚持认为，将所有真正的哲学家凝聚在一起的东西，远比将一个哲学家和某一个特定的非哲学群体聚集在一起的东西更为重要。[①] 明白这一点，对于理解施特劳斯的政治哲学至关重要。

施特劳斯回归古典政治哲学精神并非一个精神遗老对当代社会的愤懑和轻佻表达，而是要重新审视现代政治哲学及其当代虚无主义结果，指出西方当代思想中历史主义、相对主义、多元主义和虚无主义流行，而且这种流行恰恰衬托出了西方文明本身的瓦解，对自身政治理性主义传统的不自信。所以，施特劳斯回归古典政治哲学的根本目的，是要重振古典政治理性主义，重新确立西方文明传统的自信，尽管施特劳斯的这种努力在种种政治和思想浪潮中显得有些暗淡、有些闪烁、有些微弱。

古典政治哲学的代表人物无疑是柏拉图，柏拉图最有名的著作自然是《理想国》。这个中译名也许不是很理想，不过还是有启迪意义。这部著作的主题就是在对话中建立一个理想的国家、一个哲学家为王的理想城邦。这是理想国家。苏格拉底的对话者格劳孔就指出，这种理想的城邦"在地球上是找不到的"。苏格拉底则回答说：它是否现实（无论现在还是将来）存在无关紧要，关键是一定要通过语言建立这种理想的城邦。苏格拉底确实通过对话建立

---

① Strauss, *Persecution and the Art of Writing*, 7—8.

了这种语言中的理想城邦。波普尔曾经把这种理念视为极权制度的思想源头,伯林也把这种理念视为一元论的典型。施特劳斯的读解则恰恰相反,把在语言中确立理想城邦的古典方式视为避免人间政治不会步入疯狂的一个保证。苏格拉底通过对话确立了永恒的、理想的城邦,作为一个永恒的标准。在这一标准的映照下,人们才能明白,任何现实的城邦和国家都不能自称完美,无论古希腊的雅典还是当今的华盛顿。古典政治哲学始终关心美好生活和最佳政治制度的问题,并且把这个问题作为理论思考的依据。苏格拉底的回答说明了,人类理性必须保持对理想城邦的追求,而不是首先去关心它是否能够实现;只要保持着这一份追求,人类的美好生活和制度就始终还有实现的可能性,尽管概率极小。

古典政治哲学只关心纯粹的正义,而不去关心这种纯粹正义是否可能实现。这引来了现代政治哲学家的批评。马基雅维利就曾经批评过古代政治哲学传统的不切实际:“我觉得最好论述一下事物在实际上的真实情况,而不是论述事物的想象方面。许多人曾经幻想那些从来没有人见过或者知道在实际上存在过的共和国和君主国。可是人们实际上怎样生活同人们应当怎样生活,其距离是如此之大,以至一个人要是为了应该怎么办而把实际上是怎么回事置诸脑后,那么他不但不能保存自己,反而会导致自我毁灭。因为一个人如果在一切事情上都想发誓以善良自持,那么,他厕身于许多不善良的人当中定会遭到毁灭。"①马基雅维利的这个批评包含了这样一层意思:古典政治哲学以善作为政治哲学的首要考虑,从而在面对政治现实的时候显示出了进退失据的无能。立足于马基雅维利的现实主义思想,霍布斯便从现实政治世界中的自然状态开始建构他的政治哲学。人与人之间的自然状态是一种恐怖状态,因此霍布斯政治理论的首要目的在于令人摆脱这种无休止的恐怖状态,其方法是通过理性自由立约建立共同的政治主权权力来约束人们的自然自由。不过,主权与主权之间仍然处于群龙无首、弱肉强食的自然状态,因为在主权与主权之间并不存在一个更高的主权决断者。这也是霍布斯政治理论的一个矛盾。建立利维坦——也即现代国家——的目的在于克服人与人之间的自然状态,然而国与国之间仍然处于自然状态。于是,在现代政治理论中,自然而然地发展出建立一个超级利维坦的思路,也就是黑格尔意义上的世界国家,或者建立一个无阶级的自由社会,以克服国与国之间的自然状态。这是现代文明思想的精髓所在。现代文明理想就是要建立一个天下大同的公平社会,建立一个彻底启蒙的光明王国,建立一个彻底自由的理性社会。

霍布斯政治理论的矛盾还有另一种不是办法的解决办法,那就是施米特的政治概念。施米特认为,政治就是要进行

① 马基雅维里:《君主论》,潘汉典译,北京:商务印书馆,1985年,第73—74页。

敌我划分。有政治意识,就是要有敌我分明的意识,也就是对谁是敌人谁是朋友要有清楚的认识。因此,政治的衡量标准就是敌友划分意识。不过,敌人和朋友虽然是构成政治的共同要素,实际上朋友概念相对不重要。敌人概念是首要的,朋友概念基本上处于附属地位。因此,要划分敌友,首先任务是需要确定和认清谁是敌人。施米特的政治概念主要涉及国家与国家之间的敌友划分意识;他所说的敌人概念,也主要指国家与国家之间的敌对意识。施米特是关心天下秩序的政治理论家,尤其关心由现代国家与国家之间的敌我转换关系所构成的世界秩序问题。在现实政治中,国家和国家之间的关系仍然由敌友划分意识来决定。也就是说,国与国之间仍处于政治状态,仍处于非常状态。虽然有些理念超乎国家概念,但实际上还没有什么法律凌驾于国家主权之上。国与国之间的关系仍然处在霍布斯意义上的自然状态,这是一个无可否认的事实。施米特政治理论紧盯着的正是这一个政治事实,而且要证明这一种政治事实是人类无可逃避的宿命。

1932年,施特劳斯为施米特的《政治的概念》写了一篇书评。在这篇书评里,他说施米特的政治概念"荣耀地恢复了霍布斯的自然状态概念"。[①] 施特劳斯的这个评论包含着两层意思。一是描述性的含义,说明施米特的政治概念是霍布斯

---

① 施特劳斯:《〈政治的概念〉评注》,前引书,第8页。译文稍有改动。

自然状态学说的复活；一是批评性的意思，指出施米特肯定了霍布斯想要否定的东西。“恢复”只是一个描述语，“荣耀地恢复”则包含了批评态度。也就是说，施米特的政治概念既是对霍布斯自然状态概念的一个复活，也是对霍布斯文明状态理论的一个否定。在霍布斯那里，自然状态是要不得的状态，是所有人对所有人的战争状态，所以这种状态需要被否定，需要被文明状态所取代。在霍布斯那里，自然状态是一个负面概念。施米特则运用这个负面概念来分析国与国之间的关系，并从生存论的角度将其转换为一个正面概念。人间的政治秩序就是在血腥争斗和实力转换中不断脱胎换骨，不断打碎旧的秩序并且诞生新的秩序。施米特认为，政治状态是人类生存境遇中无可否定的现实。只有直面这一无可逃避的政治现实，人类才能认清自身的生存状态和命运。在施米特的思想体系中，人类社会的真正命运就是刀光剑影的血肉政治，既不是什么存在于语言中的理想城邦，也没有什么四海之内皆兄弟的自由社会。施特劳斯并不像施米特那样断定，人类根本没有办法超越政治。施特劳斯始终喃喃细语地坚持，人类虽然始终生活在无情而残酷的政治现实之中，但是人类生活的尊严恰恰在于保持超越政治生活的希望。政治是人类生活的根本现实，但是人类生活的尊严在于追求高贵的秩序。

施米特经常被人称为是 20 世纪的霍布斯，这种比喻有其合理性，也有其误导性。施米特之所以被人成为当代霍布斯，除了他对霍布斯的独特研究之外，一个重要原因在于施米特本人的政治概念复活了霍布斯的自然状态概念。不过，同样重要的是，施米特和霍布斯的政治学说在根本目标上存在着不一致的地方。

在霍布斯所描绘的自然状态中，人与人之间弥漫着一种警惕和不安，每个人都得依靠自身力量来保卫自身的存在和安全。在施米特所描绘的政治状态中，国家和国家之间也同样地弥漫着警惕和不安，每个国家都得依靠自身力量进行自我保全。霍布斯所描述的自然状态是一种所有人对所有人的战争倾向。施米特的政治状态则是一种国家对国家之间的战争倾向。霍布斯所描写的自然状态侧重于个人与个人之间的无政府状态；施米特所强调的政治状态则侧重国家与国家之间没有更高主权的无序状态。所以，施米特的政治概念是霍布斯自然状态概念的彻底化形式。它提醒并且教导人类这样一个残酷的事实：人类生活从来就没有而且将来也不太可能摆脱自然状态。

霍布斯所描述的自然状态是一种恐怖状态，是一个需要而且也可以得到克服的生活状态。与之相对的就是文明或者政治状态。霍布斯政治理论的目的在于摆脱这种无休止的恐怖状态并且建立文明的政治状态，其方法则是通过理性地自由立约而建立共同的政治主权权力来约束人们的自然自由。建立利维坦——也即现代国家——的目的在于克服人与人之间的自然状态，然而国与国之间仍然处于自然状态之中。在主权与主权之间并不存在一个更高的主权决断者，所以主权与主权之间仍然处于群龙无首、弱肉强食的自然状态。这种国与国之间的自然状态也就是施米特所强调的政治状态。这个问题究竟如何解决是霍布斯政治理论中一个悬而未决的问题。

在现代政治理论中,有两种解决这个问题的方案。一种方案是建立一个超级利维坦或者说黑格尔意义上的世界国家,以克服国与国之间的敌对状态。另一种方案就是施米特的消极解决办法:否认建立超级利维坦的可能性,否认人类可以摆脱或者克服敌对状态,断定政治是人类生活的宿命。可以说,施米特逆向解决了霍布斯政治理论中的矛盾。换言之,施米特坚持停留在霍布斯政治哲学所蕴含的问题本身,而且否认这个问题可以得到最终解决。①

根据霍布斯的政治学,按约建立主权国家也即利维坦是理性法则的真正确立和对自然状态的克服。政治是对自然的克服,是文明取代野蛮。霍布斯政治理论虽然有权力政治学之称,但是霍布斯并没有像施米特那样完全抛弃自然法的概念。霍布斯认为,关于自然法的科学是真正而且唯一的道德哲学。② 他还明确指出:“自然法自宇宙洪荒以来一直是法律,不但称为自然法,而且也成为道德法规,是

---

① 关于霍布斯的自然状态学说和施米特的政治概念之间的关系,参拙文《论霍布斯的自然状态学说及其当代复活形式》,《学术月刊》,2008 年第 6 期,第 64—69 页。

② 霍布斯:《利维坦》,黎思复、黎廷弼译,商务印书馆,1985 年,第 121—122 页。

由信义、公道等品德以及一切有益于和平和仁爱的思想习惯组成的。”①在《利维坦》第十四和第十五章，霍布斯总共讨论了十九条自然法则；第十四章着重讨论了头两条自然法则，第十五章探讨了其他十七条。

霍布斯坚持自然法的有效性，不过他也强调了传统自然法观念的虚弱性。在自然状态中，自然法仅是虚的法则，无法得到实际的贯彻。人虽是理性的动物，但还没有获得理性的生活。在没有公共权力的地方，理性法则脆弱不堪。只有在公共权力得以确立的地方，理性法则才可能得以现实化。从自然法到民约法的现实化过程，也是理性原则确立自身的过程。在自然状态下，自然法并无实际的约束力；在文明状态下，自然法通过现实化为民约法而具有明确的约束力。霍布斯国家理论的一大目标便是确保理性法则的现实化。在自然状态下，理性还未能确立自身的力量。在没有建立国家之前，理性法则是空洞的语词，是未能现实化的道德规则。霍布斯认为，理性法则在过去一直未能得以真正的现实化，仅存在于语词或者理想之中。霍布斯政治理论的目的就在于通过主权意志顺利地现实化过去仅仅停留在理论层面的自然法。

在其国家学说的结尾处，霍布斯比较了他自己的和柏拉图的国家学说：“我几乎认为自己费这一番力就像柏拉图搞出他那共和国一样没有用处了。因为他也认为在主权者由

---

① 霍布斯：《利维坦》，第271页。

哲人担任以前,国家的骚乱和内战所造成的政权递嬗是永远无法消除的。”①从这一个比较来看,霍布斯认为柏拉图所设计的共和国是无用的。柏拉图所设计的共和国,思想史上通常称为理想国、由哲人王所统治的共和国。之所以被称为理想国,是因为它是几无可能实现的理想,因为现实的情况是:国家的骚乱和内战所造成的政权递嬗永远无法消除。一方面,自然状态永远无法消除,另一方面,理想国的理念又无力克服这种状态。在这个意义上,霍布斯说柏拉图的共和国是无用的。这番话里边还有一个字需要注意,就是那个“也”字。这个字说明了霍布斯也跟柏拉图一样,认为自然状态永远无法消除,除非哲人担任王位。在这个意义上,霍布斯说他几乎认为,自己的国家学说也和柏拉图所设计的共和国理论一样无用了。从这一点来看,霍布斯和柏拉图一样,认为只有主权者由哲人担任之时,才能真正克服纷争和骚乱。

霍布斯又如何避免自己的国家学说变成无用之说呢?霍布斯比较了自己的国家学说和柏拉图国家学说的不同之处。主要有两个不同,一是霍布斯认为他自己的学说考虑到了主权者和主要大臣“唯一必需具有的学识就是关于自然正义的学识,”无需像柏拉图的国家学说那样需要学那么多数学;二是霍布斯自认为做到了“柏拉图和迄今为止的任何其他哲学家”都没能做到的事情,那就是“整理

① 霍布斯:《利维坦》,第288页。

就绪并充分或大概地证明伦理学说中的全部公理，使人们能因此而学习到治人与治于人之道”。① 换言之，霍布斯自认确立了伦理学说中的全部公理，也就是确立了自然正义的原则。主权者及其主要大臣只需学习和运用这些公理和原则，并促使人们学习这门学问。霍布斯通过为未来的主权者及其大臣确立明确的“治人与治于人之道”，以此现实化柏拉图的哲人王理想，企图一劳永逸地摆脱人类生活的自然状态。

在柏拉图的政治学说之中，哲人王的统治是贤者和智者之治，只有贤智者才配得大位。所以，传统政治学说首要关心理想的极致，而不关心这种理想是否能够实现。当格劳孔说苏格拉底所奠立的“理想中的城邦”在这个地球上找不到的时候，苏格拉底回答说：这样的城邦“现在存在还是将来才能存在，都没关系”，最重要的是理性的人“只有在这种城邦里才能参加政治”。② 换句话说，苏格拉底完全不关心如何克服横亘在政治理念和政治现实之间的那道不可跨越的鸿沟。从霍布斯的眼光来看，这种理想政治如无实现的可能性，那就不过是无用的语词。为了现实化传统的理想政治理念，或者说为了弥合理想政治和现实政治之间的传统鸿沟，霍布斯一方面坚持传统的自然正义理念，另

① 霍布斯：《利维坦》，第288页。

② 柏拉图：《理想国》，郭斌和、张竹明译，商务印书馆，1986年，592b。

一方面试图通过主权意志将传统理想政治转化为现实政治,其目标是使人类生活彻底摆脱自然状态。由此,霍布斯为未来的主权者订立了自然正义的全部公理,希望未来的主权者能够通过其主权意志实现自然正义之道。因此,霍布斯的政治理论弥合了传统政治哲学中的哲学与政治、理论与实践之间的鸿沟。在弥合这道鸿沟之时,霍布斯需要做出一定的调整。根据传统理想,哲人王依据其智慧而具有统治的正当性,这种正当性是纯粹的正当性。所谓纯粹的正当性,是无需考虑任何现实条件的正当性。在霍布斯那里,正当性的渊源不再在于智慧,而在于以自由个体的同意作为基础的主权意志。

在一定程度上,霍布斯的政治哲学转移了传统政治哲学中的紧张因素。在传统政治哲学中,理想政治是纯粹的理想。由于它是如此纯粹而完美的理想,用霍布斯的话来说,它是无用的语词。也恰恰因此,在理想政治和现实政治之间始终存在着一种紧张。霍布斯的政治哲学弥合了这种紧张。因为这种弥合,现实主权之间的紧张替代哲学与政治之间的紧张成了政治理论的核心问题。主权无休止的斗争问题要求得到解决,于是产生了社会主义和自由主义等各种解决办法,包括施米特的不是办法的解决办法。

霍布斯的政治哲学完全融合了哲学和政治,或者说把哲学政治化了。此后,哲学和政治、思想和行动之间的紧张不再是政治哲学的主题。霍布斯承认政治学是难度极高的一门学问。他说，和几何学比起来，“政治学更难研究”。[①] 霍布斯深深明白亚里士多德的立场：政治学的立足点是对人类生活的经验和洞察，而非抽象的理论思考。亚里士多德始终坚持哲学和政治之间、理论和实践之间的紧张；霍布斯则试图消除两者之间的紧张，或者说通过将哲学政治化从而使哲学无害化和多余化。

哲学的政治化过程最终使得原本意义上的哲学成了一门多余的学问。现实政治的残酷性和严肃性使得冷峻的政治思想家们强调，人类不应该再依赖幻觉而应该诚实地面对现实而生活。这种诚实态度要求人抛弃哲学所坚持的自然正义，而紧紧盯住随政治形势而变化的正义观念。英语世界翻译和研究施米特的先驱者施瓦布曾经问施米特如何看待施特劳斯，据说施米特的回答是：施特劳斯过于把所有东西都藏匿在自然法后面。从这个说法中，可以看出，施米特认为施特劳斯过分强调自然正义，施米特本人则充分重视政治现实的严肃性。

施特劳斯对西方政治哲学史的解读始终伴随着他与这三种政治观念的分析、对话和辩驳。在这种对话和辩驳中，施特劳斯逐渐确立了自身的政治哲学旨趣，形成了对西方政治哲学变迁的特有判断。柏拉图政治哲学确立了绝对完美政治的典范，霍布斯政治哲学引导出未来完美政治的思路，

---

① 霍布斯：《利维坦》，第274页。

施米特政治理论则抛弃所有企图完善人间政治的思路，诚实面对残酷而血腥的政治历史和现实。施特劳斯1932年面对施米特政治概念的挑战时，便质疑这种政治诚实的思考立场。施米特著作中充满着关于人间政治的狂风暴雨或者说腥风血雨，施特劳斯的著作则更多体现了喃喃细语的特色，始终企图把握和传递哲学对话中关于人间政治和风细雨式的思考。从施米特的角度来看，施特劳斯的哲学路数过于理想化，过于孩子气。在《高尔吉亚》中，柏拉图就描述了智者卡利克勒斯对苏格拉底的指责，他指责哲学类似于小孩子家的游戏。虽然认为哲学确实有助于年轻人的成长教育，卡利克勒斯特别强调：谁要是成年了还念念不忘哲学，不仅可笑，而且纯粹属于找抽。① 这也说明了，哲学总是自觉不自觉地不顾人类现实生活，营造一个人类的天真世界。

---

① Plato, *Gorgias*, 484c-e, 485a-d.

# 六、哲学的天真与危险

老舍曾经说，自己喜爱喜剧诗人阿里斯托芬更甚于三大悲剧家。施特劳斯恐怕也是如此。喜剧诗人阿里斯托芬就曾以喜剧的笔调揭示了哲学的天真及其危险性。没有一个当代政治哲学家比施特劳斯更为重视阿里斯托芬喜剧的哲学意义。施特劳斯专门写了一本书，讨论阿里斯托芬喜剧和苏格拉底问题。① 施特劳斯思想中的诗歌与哲学之争这一个重要主题，我认为主要体现在喜剧诗人阿里斯托芬对哲学的批评以及柏拉图对阿里斯托芬的回应之中。至于后来启蒙时期的诗歌与哲学之争，只不过是这种古典形态的一种现代变化。从这一争论中，施特劳斯领悟了哲学的天真及其危险性，这也是他要重申隐微论的一个缘由。

---

① Leo Strauss, *Socrates and Aristophanes*, Chicago: The University of Chicago Press, 1996.

# 一

阿里斯托芬喜剧作品中,《云》具有最为典型的哲学意义。这篇喜剧,罗念生先生很早就翻译过来了。[1] 因为它是一部喜剧作品,哲学工作者基本没有人拿它当真。恰恰是这部喜剧作品,有助于理解和反思始终伴随着哲学的天真及其危险性,也有助于提升我们对哲学品格的信念。

《云》这篇喜剧讲的是一个勤俭持家的农民斯瑞西阿德斯,因为娶了讲究生活享受的城里姑娘为妻,生了一个做梦也沉迷于赛马的败家子。这个农民因为给儿子买马,欠了一屁股债。还债的日子到了,却又还不起。怎么办呢? 这个农民想出了一个办法。他希望他儿子斐狄庇得斯能够洗心革面,不再沉迷于赛马,而是去上学。上学的目的地是苏格拉底的"思想研究所"(phrontesterion),只要交钱就能上学。学习的目的在于:第一,改变认识世界的方式;第二,掌握辩论技巧,从而能够打赢债务官司达到赖账的目的。

所谓改变认识世界的方式,就是不再固守传统观念和信仰,要从自然科学的角度看待世界。希腊的一般公民都相信天体是神灵,思想研究所里的人则认为天体只不过是一个自

① 罗念生:《阿里斯托芬喜剧六种》(《罗念生全集》第四卷),上海:上海人民出版社,2007 年。

然物体。一般人以为的神异现象,思想研究所里的人认为那些只是自然现象。一般人所崇拜的诸神,思想研究所里的人并不信仰。从这个角度来看,苏格拉底的思想研究所其实就是一所自然科学研究所,是一所微型理工科大学。

斯瑞西阿德斯知道苏格拉底会两种论辩方法,也就是会两种逻辑。一种是正直的逻辑,另一种是歪曲的逻辑。一种是正道,另一种是歪理。他还知道,思想研究所里的人主要传授歪理,也就是用强词夺理赢得辩论,从而赢得官司。由于这个农民的主要目的在于打赢官司好赖账,所以从一开始他所关注的就是歪理,就是要强词夺理的技巧。当然,这里所说的强词夺理,不是指硬是把黑的说成白的,而是指不理会语言所蕴含的习俗和道德力量,将语言本身的逻辑贯彻到底。正直逻辑和歪曲逻辑之间的演示辩论就体现了这一点。歪曲逻辑以其纯粹的逻辑和雄辩驳倒了正直逻辑,并且让正直逻辑自动认输并且加入歪曲逻辑的阵营。从这点来看,苏格拉底的思想研究所其实又是一所微型法学院,一所培养律师的大本营。

苏格拉底的思想研究所是两大领域的权威研究机构:一是自然科学,二是诉讼法学。从现在的学科分类来看,这两门学科完全风马牛不相及。但是,在阿里斯托芬笔下,苏格拉底确实既研究天文地理,又教授法庭辩论术。如果从正面的角度来理解,苏格拉底其实是一位文理兼通的学术大师。

斯瑞西阿得斯其实只关心辩论技巧的学问,为什么阿里斯托芬在这个剧本里要花那么多笔墨描述苏格拉底的自然科学研究，还把苏格拉底的自然科学研究态度放到他教授辩论技巧过程的前面呢？其实，这说明了，自然科学研究态度是前提。只有先有自然科学的洗礼，并从这个角度来理解世界，才能够开始理解并真正贯彻语言逻辑本身的纯粹力量。

由于喜好赛马的斐狄庇得斯看不起思想研究所的白面书生，年迈的斯瑞西阿得斯只好自己到研究所学习。可是，毕竟年纪不饶人，这位老农民还是没能掌握苏格拉底那严格的语言和思维训练，只能再要求他儿子来学。儿子虽然不爱学那些文绉绉的东西，但是毕竟还得靠老子养活，还是答应了去思想所学习。斐狄庇得斯没有辜负他父亲的期望，顺利学会了苏格拉底那舌吐莲花般的辩论技巧，轻松地赢得了辩论，并且因此合乎逻辑地赖掉了债务。

然而，老农民斯瑞西阿得斯如愿以偿的时候，也就是他开始倒霉的时候。债务了了，纯粹逻辑的魅力还在继续。领略过纯粹逻辑的美妙之后，斐狄庇得斯开始贯彻逻辑的彻底性。他揍了他父亲，而且还能从逻辑上无可挑剔地辩论：他殴打父亲完全是合情合理的。纯粹逻辑的力量也怂恿了年轻的斐狄庇得斯胸中的肆意之情。依据纯粹的语言技巧和美妙的逻辑力量，能够胜过既定的法律，这是多么痛快的事情。这说明，法律的权威经不住纯粹的语言分析。放肆的年轻人既然认识到法律皆由凡人制定，于是自然地意识到，制定新法以代替旧法便是合情合理的事情。古法要子女孝敬父母,斐狄庇得斯的新法则要推翻古法,以鞭打回敬曾经惩罚过子女的父母。

老农民斯瑞西阿得斯最终领略了纯粹语言和逻辑的强大力量,认识到了纯粹语言的逻辑力量可以帮助他免除债务的束缚,但是同时也可以免除道德和法律对语言逻辑的束缚。他可以为了苏格拉底而抛弃神灵,他也就因此丧失了神灵在人类生活中的道德保护。但是,当他领悟到这个道理的时候,却已悔之晚矣。神灵已经失去,去法庭告苏格拉底又是以卵击石。所以,他只有一条路,那就是暴力摧毁。于是,他一把火愤怒地点燃了苏格拉底的思想研究所,苏格拉底和他的门徒葬身火海,思想研究所也因此灰飞烟灭。

阿里斯托芬的喜剧表明,正直逻辑和歪曲逻辑之间的辩论就是旧教育和新教育之间的较量、是守旧传统和维新思想之间的争夺。阿里斯托芬的这个故事虽然有点荒诞不经,但是给了哲学家很大的面子。苏格拉底是哲学中的哲学家,他的思想研究所其实是一个学术研究所,主要研究天文地理并传授语言辩论技巧。但是,这个思想所的学术研究不仅能够帮人赢得官司,还能引发社会秩序及其道德观念的崩溃。这样看来,哲学这门学问就不是修身养性的点缀性学问,也不是时代精神的反应,更不是实践的理论指导。阿里斯托芬的这部喜剧说明了:哲学是一门危险的学问,是一门洗心革面的学问。

## 二

哲学是一门危险的学问，这是阿里斯托芬通过喜剧教导的观点。但是，阿里斯托芬毕竟只是一个喜剧作家。他的戏谑是否值得哲学工作者认真对待，这是一个问题。我想简单引述三个人的观点来说明这个问题。

第一个是英国的卡莱尔。他曾经这么论断苏格拉底：

> 当文学不注重诗性而转向玄思时，文学的各种门类都将走向衰落。苏格拉底标志着希腊的衰落，代表着希腊人过渡时期的思想，他是欧里庇得斯的朋友。这么评价他似乎有些外行，我完全认为他是一个感情深沉、有道德的人，但我又完全能理解阿里斯托芬对他的评价，说他是一个要用自己的革新将整个希腊毁灭的人。①

卡莱尔这么严厉地批评苏格拉底，因为他认为苏格拉底的好辩和思考消磨了希腊人强有力的信仰和诗性精神：

> 我很崇敬苏格拉底，但我认为他的著作中有许多关于

---

① 卡莱尔：《卡莱尔文学史讲演录》，姜智芹译，南宁：广西师范大学出版社，2005 年，第 31 页。

美德的空洞言论,他没有给出一个答案。苏格拉底的著作中没有现实生活,虽然他本人是一个始终如一而又坚定的人。苏格拉底之后,希腊变得越来越好争辩,希腊的哲人失去了独创精神,失去了诗性精神,代之而起的是沉思。①

当然,卡莱尔并不是严格意义上的哲学家,他可能只是站在文学的立场上赞同阿里斯托芬。所以,我想引述一个有分量的哲学家的观点:尼采。尼采在《偶像的黄昏》这本书里,专门有一章讨论"苏格拉底问题"。在这一章里面,尼采对苏格拉底展开了集中而且猛烈的攻击,甚至包括苏格拉底的长相。

尼采最讨厌从苏格拉底以后的哲学生病了,而且病入膏肓。这是什么样的病呢? 这种哲学病就是对生命充满怀疑、忧伤、厌烦和抵抗。尼采说,所有的时代,那些最有智慧的人包括苏格拉底都认为生命毫无用处,没有价值;真正的价值和幸福在这个世界之外。他们对生命持否定态度,对生命的价值持怀疑态度。这让尼采感到很生气,很恼火。所以,他认为这些最伟大、最智慧的人是"衰败的典型","苏格拉底和柏拉图是没落的征兆,是希腊的解体的工具,是伪希腊的,是反希腊的"。②

在尼采看来,最成问题的就是苏格拉底和柏拉图所推崇的哲学理性。尼采说,苏格拉底和他的"病人们"——尼采

---

① 卡莱尔:《卡莱尔文学史讲演录》,第32页。

② 尼采:《偶像的黄昏》,卫茂平译,上海:华东师范大学出版社,2007年,第44页。

指的是受苏格拉底影响的人——都把理性看作是救星。尼采认为,“整个希腊思维诉诸于理性的狂热,透露出一种困境:人们陷于危险,人们只有一个选择:要么毁灭,要么——荒谬地理性……从柏拉图开始,希腊哲学家们的道德主义局限于病态;而他们对辩证法的重视同样如此。”①哲学理性是通过辩证法确立的。因此,尼采也攻击了苏格拉底的辩证法。他说,在苏格拉底之前,在上流社会,辩证的风格是被人拒绝的:

> 它们被视为低劣的风格,是出乖露丑。人们告诫年轻人提防它们。人们也不信任所有这类表演的任何理由。……凡是得先证明自己的东西,没有多少价值。无论何处,只要权威属于良好风俗,只要人们不“说明理由”,而是发号施令,辩证论者就是一种丑角:人们嘲笑他,人们不把他当回事。②

从这段话里,可以看出权威和理性、命令和辩证法之间的区别。讲权威的社会里边,讲道理是下层人的诉求。权威比说理更有说服力。对于尼采来说,苏格拉底的问题就在这里。他把理性和说理看作是比权威更高的自然权威。讲道

---

① 尼采:《偶像的黄昏》,第52页。
② 同上,第48页。

理和辩证法的兴起，也就意味着尼采所说的“小民崛起”，是小民向贵族的造反。尼采很贵族，很看不起苏格拉底的辩证法。他说，“一个人只是在别无他法时，才选择辩证法。……辩证法仅仅是那些不具备任何其他武器之人手中的自卫手段。”①小民趣味为什么好讲道理和支持辩证法，因为他没有权威。辩证法的胜利，在尼采看来，其实也就是民主制的胜利。辩证法颠覆了人们对于良好政治秩序的看法。尼采说，“苏格拉底，这个迫使人接受辩证法的平民（roturier），就这样战胜了一种高贵的品味，贵族们的品味。辩证法的胜利意味着庶民（plèbe）的胜利。当一个人是贵族并且本能健旺之时，他就不愿炫耀其理性：——他有权威。而权威颁布法令。他将不再坚信辩证法。”②

尼采所谓的苏格拉底问题具有双重意思。第一，以苏格拉底为代表的哲学家否定生命，质疑生命的价值。他们把生命看作不幸的、是有问题的。也就是说，苏格拉底给生命打了个问号。第二，尼采认为，不是人类生命病了，而是哲学家病了。也就是说，尼采给苏格拉底本人对于生命的态度打了一个大问号。简单地说，从苏格拉底以来，哲学家都有病，而且病入膏肓。尼采则是要给哲学家看病，恢复前苏格拉底时期对生命的乐观看法。

① 尼采：《偶像的黄昏》，第48—49页。
② 同上，第50页注1。

当然,也许可以说,尼采实际上是一位对哲学并不友善的哲学家。那么,我们最后再引述一位对哲学无比友善的哲学家:黑格尔。黑格尔明确地把苏格拉底看作是“哲学史中极其重要的人物——古代哲学中最饶有趣味的人物——,而且是具有世界史意义的人物”。最为关键的是,苏格拉底是哲学的一个转折点,因为他的学说中生发出了“无限的主观性”,也即“自我意识的自由”。[1] 黑格尔这么一个严肃的哲学家,也承认阿里斯托芬喜剧的严肃性。他说,阿里斯托芬“在他的喜剧《云》中做的是完全正确的。这位以最诙谐、最辛辣的方式来嘲弄苏格拉底的诗人……他的一切都有非常深刻的理由,在他的诙谐中,是以深刻的严肃性为基础的”。[2] 黑格尔在这方面的主要观点是,阿里斯托芬的喜剧以诙谐的方式解释了苏格拉底哲学的消极性:“由于培养反思的意识,那在意识中有效准的东西,习俗,合法的东西都产生动摇了。”[3]黑格尔虽然认为,阿里斯托芬以夸大的方式把苏格拉底的辩证法极端化,但是,他也明确说:

> 我们却不能说他这个表现法对苏格拉底不公正。阿里斯多芬绝对没有什么不公正,我们确实应当钦佩他

---

① 黑格尔:《哲学史讲演录》(第二卷),贺麟、王太庆译,北京:商务印书馆,1960年,第39—40页。

② 同上,第76—77页。

③ 同上,第76页。

> 的深刻，他认识到苏格拉底的辩证法的消极方面，并且（当然是以他自己的方式）用这样有力的笔触把它表达了出来。因为在苏格拉底的方法中，最后决定永远是放到主体里面，放到良心里面的；可是如果在一种情况之下，良心是坏的，那么斯特雷普夏德的故事就一定要重演了。①

卡莱尔、尼采和黑格尔这三位思想家都强调了苏格拉底哲学思想的危险性和消极性，都从不同的角度重申了阿里斯托芬对苏格拉底的攻击。作为一门高贵的学问，哲学首先是一门危险的学问。但是，哲学并非从一开始就是一门自我反思的学科。也就是说，哲学在一开始对自身的危险性并不在意，因为这就是它的内在本质。如苏格拉底所描述，典型的哲学家"专注迢迢河汉之间，而忘却近在脚旁之物"。② 哲学家于俗事俗物无所住心，故常因不通人事而狼狈不堪，处处张皇失措。哲学家的这种张皇失措其实就是其危险性的一个方面，因为他漠不关心常人都习以为常的人间常情。

---

① 黑格尔：《哲学史讲演录》（第二卷），贺麟、王太庆译，北京：商务印书馆，1960年，第79页。"斯特雷普夏德"即是"斯瑞西阿得斯"这个名字的另一种译法。

② 柏拉图：《泰阿泰德》，严群译，北京：商务印书馆，1963年，174a—175b。

## 三

阿里斯托芬以喜剧的形式解释了，哲学是城邦道德秩序最为根本、危险和永恒的敌人。柏拉图的哲学对话则要说明，正因为哲学是城邦既有道德秩序的潜在威胁，它才是追问人间正义者的永恒朋友。施特劳斯从喜剧诗人阿里斯托芬那里学习到，如无天真及其危险性，哲学便无超凡脱俗的气质；如不反思自身的危险性，哲学在人世间将无立锥之地。有意识地转变成为政治学，哲学方显其高贵品质。

施特劳斯始终在反思尼采对苏格拉底及其理性传统的攻击，并且在后尼采的西方世界中以其独特的方式重新捍卫苏格拉底的理性传统及其辩证法。苏格拉底的理性和辩证法也许确实瓦解了希腊城邦的政治气概，不过也因此确立了希腊哲学的永恒光荣。施特劳斯所处的美国已经不是欧洲的附庸，也不是世界列强之一，而是世界新秩序的确立者和引领者。正是在那个引领世界政治走向的国度里，施特劳斯坚持并且强调：他为之奉献终生的政治哲学的旨趣不是为这个世界的君侯们出谋划策，而是关心一个完美君主所应该关心的人间政治问题。

施特劳斯返回古典政治理性主义的努力促使和教导我们深入思考只有领导世界的大国才会思考的问题：在逐渐重新崛起的过程中，我们究竟该如何把握政治的宏大气象和哲学的微弱光芒之间的复杂关系？百年积弱的老大中国应该纯粹凭借逐渐强盛的政治气象当仁不让地屹立于世界民族之林，还是依然不忘为昏暗依旧的人间政治点上一盏微弱而永恒的哲学长明灯？也许有一天，我们突然发现并且重新找回一个曾经被我们彻底抛弃和遗忘的政治传统，可以做到二者得兼？

施特劳斯努力揭示，哲学并非雕虫小技，也非陶冶情操之学，而是一门事关人间秩序的大学问。他也竭力证明，哲学之为大学问，必须有勇有谋。所谓有勇，就是有勇气在思想上一以贯之，即便抵达荒谬的境地也在所不惜。所谓有谋，就是意识到勇敢的思想可能是一种鲁莽，需要谨慎的美德来节制这种鲁莽。如果完全一以贯之，哲学可能体现了政治鲁莽，或者说体现了政治的幼稚病。这是施特劳斯带给我们的哲学启迪。这种启迪促使我们进一步思考：哲学在什么意义上是一种鲁莽和幼稚，在什么意义上才当得上是一门大学问的高贵品质。施特劳斯思想中的耶路撒冷和雅典之争、古今政治哲学之争以及诗歌和哲学之争，全都围绕着哲学那危险而高贵的品质这么一个中心而展开。

一百年来，我们哲学工作者一直都在不假思索地为哲学做辩护。但是，这种辩护一直没有充分注意哲学自身的危险性。中国传统思想中，哲学并没有实际的名份，我们以此为耻。于是，我们的现代哲学史家煞费苦心，重建中国哲学传统，甚至试图汇合中国古学和西方新学“产生一种中国的新哲学”。整个重建传统的过程没有认真反思哲学这门学问的危险性。所以,这种重构的中国哲学思想要么只是实践的理论指导,要么只是时代精神的反映,要么等而下之沦落为展示博学多识的点缀。所有这些都没能说明中国思想传统的伟大之处究竟在哪里。

从我国的教育体系来看,哲学是大学里才有的学科,是大学里才有的学问。这也合乎这门学问本身的特色,是一门大学问。不过现在,在我们的教育体系中,哲学这门学问的角色可以说相当尴尬。在各类学科中间,哲学是冷门中的冷门。哲学系招来的学生大多是被命运发配来的,而不是自己投奔来的。也就是说,只是因为分数不够上其他热门学科,服从调剂而被动地来到哲学系。来到哲学系之后,又不知道哲学到底是什么样的知识、学完哲学之后又能干些什么。从目前的情况来看,似乎除了修身养性之外,哲学并没有什么其他实际的用处。即便是修身养性,似乎也有点名过其实。我们过去讲修身养性,是修炼君子道德。君子之德风,小人之德草。君子是为常人的道德楷模。现在,修身养性之道,似乎顶多能够养成遗世独立之风。

哲学已经离我们的现实生活非常遥远,这是一个事实。这种遥远也可能是对过去时代中哲学过分接近生活的一种反应。这有点类似于文学和政治之间的关系,我们的文学讲政治的意识非常自觉,后来又反过来走向另一个极端:自觉地远离政治。哲学的命运也差不多。曾几何时,真正意义上的哲学就等于意识形态理论,等同于指导实践生活的理论真知。那时,哲学的思想地位可谓无上崇高,理论对实践的指导作用也得到了无以复加的强调。这是一种非常理想主义的哲学理解。后来,随着时代的变迁,我们对哲学的理解也与时俱进,把哲学理解为时代精神的体现。这是一种历史主义的理解。这种理解实际上否认了理论对于实践的指导作用,退一步认为理论和实践的平行性。实际上,从理想主义变化为历史主义的哲学理解,实际上是从马克思回到黑格尔,从改变世界回到解释世界。在历史主义的视野中,哲学最起码还能够体现时代的根本精神。但是,目前的情况似乎是,哲学已经被时代精神抛弃了。哲学成了一门无用而多余的学问。它最多不过是修身养性的点缀学问,其意义也就是聊胜于无。哲学专业的老师和学生们聊以自慰的说法是:哲学之为无用才显其大用。然而,到底什么是无用哲学之大用?这个问题谁也说不清楚。

我们究竟该如何认识哲学和这个时代?哲学在这个时代的尴尬处境究竟意味着什么?是否意味着:哲学这门学问是时候退出人类生活的历史舞台了,也就是说,我们已经进入了不再需要哲学的历史时代?归根结底的问题是:哲学对于人类政治生活究竟意味着什么?

# 七、施特劳斯的否定哲学

## 一、问题缘起

施特劳斯的否定哲学？这似乎是一个闻所未闻的提法。

施特劳斯这个名字始终伴随着争议。施特劳斯是 20 世纪著名的政治哲学家和政治哲学史家，这一点本身并没有什么争议。施特劳斯备受争议，恰恰因为他对政治哲学的独特理解和对西方政治哲学史的重新解读。通过生前的著作和死后的影响，施特劳斯不折不扣地确立了一个流派——施特劳斯学派。不管我们怎样看待以他命名的这个流派，施特劳斯毫无疑问引发了许多思想争议甚至政治争议。“施特劳斯的否定哲学”这一说法是否又增添了一种完全没有必要的争议，甚至只不过是一种完全没有必要的提法而已？

我曾借鉴迈尔的著作关注施特劳斯和施米特之间的思

想对话,基于对迈尔研究思路的质疑,从哲学上探讨施特劳斯和施米特之间思想对话的性质。[①] 在这个探索的过程中,耳边始终响起一种不那么学理但流传甚广的说法:施特劳斯是美国新保守主义的思想教父。这种声音不胫而走,几成定论。然而,施特劳斯的政治哲学真的是美国新保守主义的教父?笔者尝试通过提出"施特劳斯的否定哲学"这个概念来澄清这个问题。

关于施特劳斯和新保守主义的传言,一个流俗背景是伊拉克战争。这种流传的一个政治依据是,布什政府内的重要鹰派人物(最典型的是沃尔福威茨)据传曾经是施特劳斯的学生。实际上,沃尔夫威茨并不是施特劳斯的学生。况且,即便他真的是施特劳斯的学生,他的政治理念也未必就一定体现施特劳斯的思想。时至今日,伊拉克战争本身早已烟消云散,但是,关于施特劳斯和新保守主义的传言却似乎越来越成了不证自明的事实。这种传言让人想起,阿尔喀比亚德和克里提亚曾经追随过苏格拉底,雅典人就把他们的政治行为不当归咎于苏格拉底的教诲。色诺芬和柏拉图——虽然

---

① 参拙文"What Is Carl Schmitt's Political Theology?" *Interpretation: A Journal of Political Philosophy*, Vol. 33 No. 2 (Spring 2006): pp. 153—175。针对拙文批评迈尔思路的反批评,参 Anna Schmidt, "The Problem of Carl Schmitt's Political Theology," *Interpretation*, Vol. 36 No. 3 (Summer 2009): pp. 219—252。作者维护了迈尔的思路,但是并没有超出迈尔本身的思路和论证,也没有令人感到信服。同参 CHEN Jianhong, *Between Politics and Philosophy: A Study of Leo Strauss in Dialogue with Carl Schmitt*, Saarbrücken: VDM Publishing, 2008。

各自秉持不同的角度——都倾向于澄清:这两个著名政治人物都因为抵挡不住政治生活的诱惑,没有听从苏格拉底的哲学劝导,才导致他们的政治不幸和雅典的不幸政治。① 不过,色诺芬和柏拉图的辩护都是苏格拉底死后才有的辩护。苏格拉底还是被雅典人民依法处决了。也恰恰因为苏格拉底被处决这一个事实,才催生了柏拉图和色诺芬的辩护。施特劳斯的情况自然有所不同。他是在死后而非生前面临一种政治指控:施特劳斯是新保守主义的思想奠基者。

北美的自由派政治学学者德鲁里一直致力于从理论上论证施特劳斯对于新保守主义的思想奠基作用。她明确断言:

> 新保守主义是列奥·施特劳斯的遗产。它分享了施特劳斯哲学的所有最有影响的特征——宗教的政治重要性、民族主义的必要性、虚无主义的语言、危机感、非友即敌的心态、对现代性的拒绝、对过去的怀旧以及对自由主义的憎恨。②

德鲁里认为,施特劳斯在宗教上持政治工具论和民族主义的立场,在哲学上秉承海德格尔的反现代立场,在政治上

---

① 柏拉图:《柏拉图的〈会饮〉》,刘小枫译,北京:华夏出版社,2003年,215a—222b。色诺芬:《回忆苏格拉底》,吴永泉译,北京:商务印书馆,1984年,第6—21页(第一卷第二章)。

② 德鲁里:《列奥·施特劳斯与美国右派》,刘华等译,上海:华东师范大学出版社,第211页。

远比施米特更激进也更血腥。德鲁里所描绘的这个施特劳斯,宗教立场上似乎是一个马克思主义者,民族立场上是一个犹太复国主义者,思想本质上是一个虚无主义者,对现代性的拒绝则基于浪漫主义式的怀旧情结。[①] 德鲁里关于施特劳斯和新保守主义的种种标签式论述,都似是而非,每一点都很难经得起推敲。在这个关系问题上,福山(Francis Fukuyama)对施特劳斯虽无深入研究,他的说法反倒比较准确:关于施特劳斯和伊拉克战争之间的联系基本上是"不实之词";如果正确理解施特劳斯(比如说他对 regime 的解释),并不能从中找到对新保守主义外交政策的理论支持。[②]

在大力批判施特劳斯的时候,德鲁里断言:

> 施特劳斯认为,哲学家的角色不是把关于太阳真理的知识带入洞穴,而是去操纵洞穴中的影像。他教导哲学家必须向大众编造谎言,而他们自己却拥抱黑暗。[③]

这里,德鲁里对施特劳斯的隐微显白论做了简单粗暴的处理。据此,施特劳斯似乎成了一个提倡撒谎和政治操控的哲学家。施特劳斯所论之显白教诲,也被简单等同为哲学家

---

① 德鲁里:《列奥·施特劳斯鱼美国右派》,第 90—91、107 页。

② 福山:《美国处在十字路口:民主、权力与新保守主义的遗产》,周琪译,北京:中国社会科学出版社,2008 年,第 18—28 页。

③ 德鲁里,《列奥·施特劳斯与美国右派》,第 93 页。

在态度上对大众的傲慢、在手段上的欺骗和在政治实践上的操控。为了澄清关于施特劳斯的种种简化和歪曲,有必要强调施特劳斯的否定哲学立场。

## 二、概念说明

施特劳斯本人并没有提过否定哲学的说法,怎么能用否定哲学来说明施特劳斯的基本立场呢?

施特劳斯承认,政治哲学是哲学的一个部门。如此,政治哲学首先是对政治的哲学理解。要理解政治哲学的要义,首先要理解施特劳斯眼中的哲学是什么。其实,施特劳斯在这方面首先只是恢复了哲学的最初含义。哲学探询万事万物的自然。探究事物的自然,因而需要刨根问底,不再满足于关于万事万物的习俗理解和流俗意见。换句话说,哲学探究关于万事万物的真知。从这一点来看,哲学的探究精神本身就是一种否定,首先是对意见和习俗的根本否定。

政治哲学的第一层含义,因此是探究政治事物的自然,因此也就是探究政治事物的真知。强调这种探究的必要性立足于两个判断。第一,政治生活依旧被强大的政治意见和习俗所包围。第二,政治生活始终处于缺乏真知的状态。这也是苏格拉底哲学精神的根本所在。这种精神揭示了,人始终处于缺乏真知的状态。苏格拉底的无知之知就在于揭示,大部分人都缺乏对这种缺乏的明确意识。否定意见而呼唤真知的哲学就在于唤醒这种意识。哲学作为一种生活方式在这个世间的必要性也在于,它始终是一种否定,否定人间生活已经臻于完美。许多对哲学的独断论理解,以及由此出发指责施特劳斯的隐微论意味着哲学的真理化,就是因为没有很好地理解哲学的根本否定性。哲学的根本特点并不在于拥有真理,而在于追求真知。用阿多(Pierre Hadot)解释《会饮》的话来说,“哲学被自己缺乏的东西所规定,就是说,这个东西是一种逃离它,却以某种方式在它自己内部所拥有的超越的规范。”①哲学的在场始终意味着真知的缺乏。如果真知已然在手,哲学在这个世间也就不再具有必要性。

政治哲学的第一层含义标识了哲学的路向,也就是追问政治事物的自然,也就是追问政治事物的真知。政治哲学的第二层含义则是追问政治事物的自然,这标识了苏格拉底哲学和前苏格拉底哲学的区别。为了区隔苏格拉底和智者,色诺芬就宣称,苏格拉底“并不像其他大多数哲学家那样,辩论事物的本性,推想智者们所称的宇宙是怎样产生的,天上所有的物体是通过什么必然规律而形成的。相反,他总是力图证明那些宁愿思考这类问题的人是愚妄的”。② 也就是说,

---

① 阿多:《古代哲学的智慧》,张宪译,上海:上海译文出版社,2012年,第44页。

② 色诺芬:《回忆苏格拉底》,第4页。

苏格拉底并不像诸多智者那样关心自然事物的自然。如《斐德若》中的苏格拉底所说，“田园树木不会让我学到什么，倒是城里的人们让我学到东西”（《斐德若》，230d4—5）。换句话说，苏格拉底认为真正重要的事情是要探究政治事物的真知。在这一点上，亚里士多德的判断即为明证：“苏格拉底正忙着谈论伦理问题，他遗忘了作为整体的自然世界，却想在伦理问题中求得普遍真理”（《形而上学》，987b1—3）。苏格拉底的政治哲学首先意味着人间还缺乏关于政治事物的真知。这也意味着，人间政治始终还处于一种缺乏状态。对政治事物的哲学追问意味着，人间政治的任何形态都不能自称完美。换个角度来说，人间政治始终需要探究究竟什么是最佳政治秩序的问题。在这个意义上，政治哲学是对任何现实政治自称完美的根本否定。如果人间政治达到完美境地，那么政治哲学也就不再具有必要性，也就失去了它的意义。所以，苏格拉底的政治哲学精神具有两方面的否定意义。第一，人本身缺乏自知之明，苏格拉底的无知之知就在于揭示这种缺乏。第二，人间政治远未臻于完美，政治哲学对最佳政治的探究就在于提醒，人类政治始终处于不完美的现实之中。哲学的否定性也就是它的超越性。政治哲学指示了任何人间现实政治的界限。

只有立足于政治哲学的这两种含义，才可以讨论施特劳斯政治哲学的第三层含义：哲学的政治学，也就是被强调最多的隐微显白论。只有首先回答哲学对于人类生活的必要性和重要性问题之后,政治哲学才能顺理成章地转变为哲学的政治学。换句话说,只有首先阐明了哲学生活的必要性之后,哲学政治学的必要性才能成立。哲学政治学得以成立的基础在于追求真知和止于意见、追求最佳政治和止于政治现实之间的根本矛盾。真知是对意见的否定,最佳政治是对现实政治的否定。而意见和现实政治始终是人间世界的主导力量。沉溺于意见和完全接受现实政治意味着认可、保守和顺从。从这一点来看,把施特劳斯视为一个政治保守主义者是荒谬的。哲学本身的否定性意味着对保守的根本否定。施特劳斯如果在一定意义上可以被看作是保守主义者的话,就是因为他所说的哲学政治学。但是,这种哲学政治学的前提首先是为了保护哲学精神本身的否定性。为了保护哲学的根本否定性,哲学才需要讲政治,才需要用合乎政治精神的话语掩藏哲学的根本否定性。

## 三、哲学的秘密王权?

哲学的政治学首要目的是为了保留哲学,保留哲学的根本否定性,从而保留人类对于美好生活和最佳政治的希望。这种政治学经常被歪曲为怂恿现实政客对大众的愚弄和欺骗。前引德鲁里的断言清楚地表明了这种歪曲:“施特劳斯认为,哲学家的角色不是把关于太阳真理的知识带入洞穴,而是去操纵洞穴中的影像。他教导哲学家必须向大众编造谎言,而他们自己却拥抱黑暗。”①

有别于德鲁里这种粗暴的标签式论述,更倾向于沃格林(Eric Voegelin)路径的罗德之(James Rhodes)则采取了比较温和的理论质疑。在分析施特劳斯隐微论的时候,他首先指出,“只有当我们知道哲学家的真理时,我们才能理解哲学家奉行隐微论的理由。我们必须思考我提出的下一个问题:哲学家警惕守护的那个危险的真理是什么?”②针对这个问题,罗德之提供了两种猜想。第一种猜想是:哲学家所要隐藏的秘密是,“根本不存在神,也不存在道德事实”。③ 由于无神论在现代社会不再是一个冒犯大众的立场,罗德之否定了这一猜想。他的第二种猜想是,施特劳斯所掩藏的是“对贵族制的偏爱”和“哲学家的秘密王权”,因为智慧之人要想统治,需要建立一种法,来赢得不智之人的同意。由此,罗德之得出结论:“施特劳斯看起来是指向了《理想国》中的色拉叙马霍斯,他的邪恶的角色可能就是柏拉图秘密的发言人。”④也就是说,施特劳斯只是把色拉叙马霍斯包装成无辜的苏格拉底,或者说用苏格拉底的美妙言辞掩藏了色拉叙马霍斯。罗德之如此论述色拉叙马霍斯立场所包含的危险:“这个野蛮的智者的‘原则’是:正义是强者的利益,统治者应该像牧

---

① 德鲁里:《列奥·施特劳斯与美国右派》,第93页。

② 罗德之:《柏拉图的政治理论:以及施特劳斯与沃格林的阐释》,张新刚译,上海:上海三联书店,2012年,第92页。

③ 罗德之:《柏拉图的政治理论》,第93页。

④ 同上,第94页。

羊者对待羊群一样对待他们的臣民。如果公开这个原则的话,会激发大众去大开杀戒。"①

由此来看,罗德之的观点实质上未必比德鲁里的结论更为温和和理论化,虽然二者强调的重点不太一样。如果罗德之的猜想为确,那么施特劳斯的立场在实质上等同于施米特的立场,像后者一样冷峻地面对人间政治的可怕真相。色拉叙马霍斯将正义等同于强者的利益这一立场其实也暗示了多元价值论的一种解决方式。各种价值之间的冲突不可通约,伯林的设想是通过承认矛盾并强调通过对话解决冲突。施米特则对人性持更为灰暗的认识:不可通约的冲突和敌意将最终通过强弱实力的彼此争斗得到解决,并且会构成新的矛盾和冲突。人类世界始终处在这种矛盾和冲突之中,没有希望,也无需幻想。

无论德鲁里还是罗德之,共同的错误都在于,没有充分注意到施特劳斯对哲学否定性的根本坚持,从而将施特劳斯等同于施米特。这一等同的根本原因在于对柏拉图的独断理解。为了更为清楚地说明这一误解,有必要引入阿伦特来作一番比较。

## 四、哲学对政治的否定?

和施特劳斯一样,阿伦特也试图复兴古典,尤其是复兴

---

① 罗德之:《柏拉图的政治理论》,第94页。

古典共和政治。阿伦特之为阿伦特，主要在于她对政治行动概念的思想史反思以及由此引发的政治立场。阿伦特系统考察了积极生活(vita activa)的概念史。这一概念史实际上包括两个方面：积极生活的苦难史和革命史。苦难史就是积极生活深受沉思生活(vita contemplativa)压抑和鄙视的历史。革命史就是积极生活试图摆脱沉思生活的压迫翻身做主人的历史，转折点在于现代哲学对理性和信仰传统的双重怀疑。根据阿伦特的分析，整个历史的起点是柏拉图，终点是马克思。马克思彻底颠倒了柏拉图所开启之传统政治哲学的沉思精神，把劳动(传统上最受鄙视的积极生活)作为规定人类生命的本质。这一规定既否定了将理性视作人类本性的哲学传统，也否定了笃信上帝创造人的宗教传统。

阿伦特没有止步于积极生活和沉思生活的对照和颠倒，而是进一步揭示积极生活本身的三重结构。她强调，新老传统都没有充分重视构成积极生活的劳动、制作和行动三者之间的内在差异。与劳动对应的是生命本身的必然性，与制作对应的是世界的有用性，与行动对应的则是人类生活的复数性。根据阿伦特的分析，柏拉图奠立的哲学传统蔑视积极生活，仅从“制作”层面来解释积极生活；作为这一传统终点的马克思主义则完全从“劳动”层面解释政治，但在一定程度上未脱传统的窠臼，仍然遵从追求彻底自由王国的逻辑。阿伦特主张恢复政治生活的本来面目，从“行动”的逻辑去理解政治。

阿伦特不仅反对真理压抑意见的传统,而且还有意复活“意见”的生命力。① 古代哲学传统鄙视积极生活本身,因而也鄙视作为积极生活顶峰的政治生活。现代哲学传统不仅颠覆了沉思生活和积极生活的等级秩序,而且也颠覆了积极生活内部的传统等级,将作为人类生活必然性的劳动视为所有价值的源泉,而将人的本质从根本上规定为劳动动物(animal laborans)。这一颠倒过程意味着现代丧失了对形而上学和永恒问题的关怀,同时也丧失了对公共领域和政治生活的关切。②

基于对现代境况的忧思,阿伦特强调了公共性和复数性对于重建良好政治生活的重要意义,提出了一种人类生活的政治本体论。人之为人的根本既不在于孤独玄奥的沉思生活,也不在于忙碌耗神的劳动和制作活动,而在公共生活的多样性、复数性和公共性。如加拿大学者汉森指出,阿伦特的政治本体论要求我们“更加彻底地认识到,我们与他人一起生活在世界里;稳固的政治体制不仅以多样性为基础,它还培育着这种多样性,并使之成为我们日常生活中一股生动的力量”。③ 阿伦特政治理论的核心要素就是维护以人类境

① 川崎修:《公共性的复权》,斯日译,河北教育出版社,2001 年,第 293 页。

② 阿伦特:《人的境况》,王寅丽译,上海人民出版社,2009 年,第 37、63 页。

③ 汉森:《汉娜·阿伦特:政治、历史与公民身份》,刘佳林译,南京:江苏人民出版社,2004 年,第 9 页。

况多样性为基础的公共生活。

阿伦特的著作充满着对公共生活的希望和对多样性的赞美。希望是坚定的,赞美是动人的。这也是一位曾经20世纪黑暗岁月的犹太人和政治理论家发自肺腑的呼唤。不过,这种呼唤也是率真的。这种主张可行与否,不仅有赖于每个个体皆怀有对多样性的珍视和对差异性的理解,而且有赖于每个个体都赞同通过相互交往、求同存异以实现美好的公共生活。这说明了阿伦特政治思想的乌托邦色彩。

阿伦特带有乌托邦色彩的政治主张要得以实现,至少需要满足两个前提。其一,每个个体都应该是成熟而有教养的个体。其二,差异性和多样性不会上升为某种不可调和的冲突,而且始终都能够通过交流实践而得到尊重和维护。第一个前提始终是西方哲学传统的未竟之梦。培养文质彬彬的个体是古今政治哲学的共同目标。这一目标的实现似乎一直被冷酷的政治现实所阻延。换句话说,严苛的政治现实一直是美好哲学理念的阻碍者和延迟者。政治现实的历史从来没有为培育有教养的成熟个体创造出充分的条件。根据悲观主义的角度,现实教育总是比哲学教育更为深刻地影响着人性的根本。阿伦特的政治主张则更多地体现了乐观的精神。所以,她的政治主张几乎忽略了这样一种与之对立的主张:决定人类政治生活的根本是不可调和的根本冲突,而不是温文尔雅的交往。

为了更为清楚地理解阿伦特的政治主张,不妨对比考虑施米特和伯林的立场。伯林和施米特的政治立场虽然截然不同,但都强调政治生活的多样性和差异性,而且不约而同地强调了冲突的不可调和和价值间的不可通约。当然,两者不可通约问题的解决方式也完全不同:施米特诉诸危急时刻的主权决断,伯林则诉诸差异共存的对话交流。在这一点上,阿伦特更近于伯林。阿伦特和伯林都强调交往和交流的重要性。只不过伯林更突出冲突问题、强调存异,阿伦特则更突出共在事实、强调求同。这也意味着,阿伦特的政治理论暗中预设了:面对差异性和多样化的事实,人们始终都能理性而文雅地寻求相互理解和彼此交往的可能性。

阿伦特的思路确证了哲学对政治的否定性,不过阿伦特从独断论的角度而不是从怀疑论的角度来理解这种否定。这也决定了阿伦特的政治乌托邦和施特劳斯思想的不同。

## 五、否定的乌托邦

汉森将阿伦特政治思想的乌托邦色彩描述为“此时此地的乌托邦主义”,以别于憧憬和向往遥远彼岸的另一种乌托邦。[1] 其实,现代启蒙理性也追求一种此时此地的乌托邦。当然,根据阿伦特的观点,现代乌托邦的最终结果是一种全

① 汉森:《汉娜·阿伦特:政治、历史与公民身份》,第12页。

球范围的僭政。[1] 在这一点上,施特劳斯有着类似的诊断。[2] 但类似的诊断并不必然得出类似的解决方案。如卡诺凡指出,阿伦特的共和主义更加倾向于复活荷马的希腊,而非柏拉图的希腊。[3] 施特劳斯则恰恰要回归柏拉图式的政治哲学。根本分歧可能在于该如何理解柏拉图的问题。

根据阿伦特的分析,柏拉图的真理对于意见的压抑构成了哲学对政治的僭政,因此造成了政治生活的失落。阿伦特试图恢复政治生活的荣光,一种承认多样性和差异性之公共生活的荣光。根据施特劳斯的分析,柏拉图式政治哲学恰恰要赋予政治生活以荣光,这种赋予以认识哲学与政治的根本冲突为前提;如若缺乏对完美城邦的哲学追思,政治生活始终落入无休止的冲突。从施特劳斯的角度看,柏拉图式政治哲学明确描绘了一种彼岸倾向的乌托邦,通过语言编织一种完美城邦的理想,始终提示任何现实城邦的永恒不完美。比起现世乌托邦思想,这种语言编织更为清醒地意识到,政治生活本身所蕴含的差异性和多样性始终处在升级为根本冲突的威胁之中。阿伦特的政治本体论看起来缺乏对这种威胁的充分考虑,也没有明确勾勒出,如何才能确保这种牧歌

---

① 阿伦特:《极权主义的起源》,林骧华译,北京:三联书店,2008,第211页。

② 施特劳斯:《论僭政》,何地译,北京:华夏出版社,2006年,第25—26、193—194、327—328页。

③ 陈伟:《阿伦特与政治的复归》,北京:法律出版社,2008年,第96页。

式的公共生活。

施特劳斯的柏拉图式方案是，从相互冲突的意见出发，探寻自然法作为绝对标准的意义，探寻一个理想秩序，一个由语言构造而成的永恒标准。这种构造提示了人间现实秩序的永恒不完善，如施特劳斯所说，构成了政治的限度。因此，这个乌托邦实际上是一种根本的否定。如斯密什所说，施特劳斯的怀疑论倾向意味着一种双重警惕：一是对政治的幻象式期望的警惕，一是对政治持蔑视态度的警惕。[①] 这也意味着这种怀疑论本身就是对政治本质限度的反思。不过，斯密什的思路存在一个问题，就是把施特劳斯和乌托邦思想完全对立起来。他认为，柏拉图的完美城邦理念对施特劳斯来说构成了或者象征着人类生存处境的根本问题。人类生存始终面临着乌托邦主义和理想主义的诱惑。他认为，施特劳斯的政治哲学就是对这一诱惑的抵抗。导致斯密什得出这一结论的原因在于他没有像施特劳斯那样区分古今乌托邦主义。对施特劳斯来说，古代乌托邦是垂直式的，作为对现实政治的根本否定；现代乌托邦是未来式的，是现实政治的延伸和完善。[②]

---

① 斯密什：《阅读施特劳斯：政治学、哲学、犹太教》，高艳芳、高翔译，北京：华夏出版社，2012 年。

② 关于斯密什一书的详细评论，参见拙评“Review essay of *Reading Leo Strauss: Politics, Philosophy, Judaism* by Steven B. Smith,” *Sino-Christian Studies: An International Journal of Bible, Theology, and Philosophy* No. 2 (December, 2006): pp. 220—225。

垂直式乌托邦和现实没有交点,始终无法现实化,未来式乌托邦则可以在未来某个时间得以实现。垂直式乌托邦始终是对现实政治的一个问号,一种否定。在这个问题上,雅各比(Russell Jacoby)关于乌托邦思想的区分有助于理解施特劳斯的思想。在《不完美的图像:反乌托邦时代的乌托邦思想》中,雅各比对比了两种乌托邦思想传统。一种为蓝图派传统,这种传统也就是现代启蒙传统,从时间和空间角度规划未来。另一种则为植根于犹太教的反偶像崇拜传统,这种传统拒绝描述未来,在根本上是一种否定式乌托邦。①把施特劳斯置于这一传统中来理解,有助于理解施特劳斯政治哲学之否定精神的犹太思想根源。②

雅各比的不足之处在于,他只清理了哲学传统中的蓝图派乌托邦,而没有充分讨论古典形态比如柏拉图意义上的乌托邦与现代蓝图派的根本区别。施特劳斯的政治哲学始终坚持一种超越。这样一种超越,无论在希腊还是在犹太传统中,都是一种根本的否定性。恰因为根深蒂固的否定性,它是一种超越的、作为现实界限的乌托邦。从这一点上来说,施特劳斯既是一个犹太人,也是一个希腊人。

---

① 雅各比:《不完美的乌托邦:反乌托邦时代的乌托邦思想》,姚建斌等译,北京:新星出版社,2007年,第7—8、10—11页。

② 雅各比:《不完美的乌托邦》,第169—170、175—176页。

# 八、关于施特劳斯的两种误解

施特劳斯在中国学界影响巨大，无论持赞同还是反对的态度，都不能否认这是一个事实。这种影响已经备受瞩目，无论中外。现在，施特劳斯著作的中译文本，应当是世界上最全面的施特劳斯作品版本，比其原著采用的德文和英文都全。这种影响主要归功于——对于部分学者来说归罪于——刘小枫和甘阳两位先生的推动。刘小枫的经典编修工作和甘阳的博雅教育工作，对于深究中西经典精神和探索大学教育道路来说，功莫大焉。两位先生都推崇施特劳斯，但并不能狭窄地称之为施特劳斯学者。

无论如何，刘小枫和甘阳对施特劳斯的推崇，也引来了许多不满和批评。这些批评，有些是针对刘小枫和甘阳本人，有些则是借刘小枫和甘阳而剑指施特劳斯。我个人之前的文字，完全没有触及中文学界对施特劳斯的批评分析。虽然也看过一些批评文字，但隔靴搔痒、意气之争者多，深入理路、平心静气者少。总体上，至少都追不上德鲁里的打击力度和广度，且不论准度和深度如何。

这里，我想简短地回应自由主义阵营的两位学者对施特劳斯的若干批评。通过这个回应，我希望能够指出他们对施特劳斯的几个误解，也希望借此说明我自己对施特劳斯的理解。

## 一

2014 年 9 月初，赴台北参加中研院人文社科研究中心组织的关于施米特与施特劳斯的会议。午餐时间，遇钱永祥教授。钱先生相邀至办公室短叙，并赠以新著《动情的理性》。[①] 返津之后，不日拜读。全书论题甚广，纵论中西自由主义思路，兼析社群主义和社会主义各种立场，给人印象颇深。不过，总体上，我斗胆极而简之为两点：从立场上申论"以关怀为旨的自由主义"，从理论上倡导"说理的普遍主义"。其中一章，专门处理施特劳斯，题为"多元论与美好生活：试探施特劳斯政治哲学的两项误解"。[②] 这篇文章原本

---

① 钱永祥：《动情的理性：政治哲学作为道德实践》，台北：联经出版社，2014 年。

② 载钱永祥：《动情的理性》，第 259—285 页；原刊《复旦政治哲学评论》，2010 年第 1 卷第一期，第 61—77 页。

就流传甚广，之前曾经拜读过。这次，在全书论旨之下，又重新研读一遍，萌生了一些想法。录之如下，求教于钱先生。

钱文共有四个部分，除去前言后记，主体在于中间两个部分。与主标题相对应，一个部分讨论多元论问题，另一个部分处理美好生活问题。副标题所包含的意思，乍看之下，容易让人误解为是指“对施特劳斯政治哲学的两项误解”。细读之后，才会明白原意的真正意思是指“施特劳斯政治哲学对两项问题的误解”。这两项问题，也就是多元论和美好生活。

文章开篇，钱永祥就指出，刘小枫和甘阳对施特劳斯思想的接受方式，缺乏“必要的反思”和“质疑”，进而直指施特劳斯“整套政治哲学的基础并不稳当”。[①] 为了揭示施特劳斯政治哲学的“盲点”，钱永祥试图证明，施特劳斯的政治哲学一方面“混淆了价值多元论与价值相对论，因此没有注意到多元论与普世主义搭配的可能”，另一方面“对‘美好人生’的理解失之于专断而简单”。[②] 在这里，我简单勾勒钱永祥在这两项问题上的分析思路，抛出若干问题，给出一些评论。

通过区分价值多元论与价值相对论，钱永祥试图批评施特劳斯对自由主义的批评，并提出多元论与普世主义结合的可能性。首先，钱永祥批评了一种二元对立的态度。这种态度对一元普遍和多元相对做了对立区分。钱永祥认为，虽然

---

① 钱永祥:《动情的理性》，第 260—261 页。
② 同上，第 263 页。

各自立场不尽相同，但施特劳斯、韦伯还有伯林都持这种不恰当的对立区分态度。

其次，应该如何恰当理解价值多元论？钱永祥指出，价值多元论强调价值的不可通约，是指价值之间没有共同的衡量尺度，而不是各种价值的数值相等，所以不意味着各种价值都同等好、一样对。价值之间既然不可通约，又无共同的尺度，那么个人及其选择价值时的主观考量，便成为根本因素。在这里，钱永祥小心翼翼地区分了价值多元论与价值标准内在论。所谓内在论，是指价值标准内在于特定的选择者本身。这种内在论表明，选择作为价值标准不过是个人偏好。通过这个区分，钱永祥强调了自己与伯林、韦伯的区别，表明价值选择并不是基于个人的欲望与偏好。

再次，如果价值多元论的基础不是个人偏好，那么是什么？由此，钱永祥引出他所主张的自由主义之"理由"面向。他承认，主观选择的价值显然呈多元状态，而且相互不可通约，没有共同标准。同时，他又否认，这种选择只是个人偏好的表达。在这个问题上，钱永祥主张一种自由主义对价值多元论的理解：强调尊重个人选择的权利，同时坚持个人要为自己的选择提供理由。换句话说，多元的主观选择需要受到"理由的决定性影响"。而且，理由成立与否，无法决定在先，而是在与他人的说理和对话过程中"逐渐呈现"。①

① 钱永祥：《动情的理性》，第270—271页。

最后,是否可以超越价值多元的事实而达到一种普遍性? 钱永祥的答案是肯定的。不同价值虽不可通约,也无客观标准,钱永祥认为,能够进入说理的境界而相互理解,即便最终可能还是谁也说服不了谁,就已经超越了个人选择的原本价值及其理由本身。虽然对伯林与韦伯的价值多元论立场多有不满,钱永祥最终还是回到了伯林的立场,认为伯林所强调的"跨越文化、时代、族群等等的普遍人性"就是"彻头彻尾普遍的理由"。据此,钱永祥认为,"在这个意义上,多元主义与普遍主义乃是结合在一起的"。①

多元主义与普遍主义能够结合在一起,其基础在于,"从理由的概念出发,可以得到'理由'意义上的普遍主义,而这种普遍主义,与'实体'意义的普遍主义是有区别的"。根据这种多元论与普遍主义的结合,钱永祥批评施特劳斯误解了价值多元论,其原因在于"混淆了价值多元论与价值相对论",因而忽视了这种结合的可能性。所以,钱永祥得出结论:"多元论不需要坠入相对主义、虚无主义……政治哲学完全不需要像施特劳斯一样,在相对主义、虚无主义与一元绝对主义、客观主义这两个极端之间作非此即彼的抉择。相反,政治哲学是可以同时认定多元论与普遍论的。"②

钱永祥倡导说理的普遍主义,思路清晰,立场明确。不

---

① 钱永祥:《动情的理性》,第272页。

② 同上,第273、285页。

过，据此批评施特劳斯乃至伯林是否恰当，则是另一个问题。

首先，钱永祥对伯林的态度有批评，也有赞同。这本身并没有问题。不过，光就价值多元论这个问题，在思路上似有前后矛盾之感。一方面，钱永祥将自己基于理由的多元价值论与伯林和韦伯的价值多元论做了明确区别，并指出伯林和韦伯的主张不是“价值多元论需要接受的唯一结论”。①另一方面，最终却又援引伯林关于普遍人性的看法，作为其主张多元论与普遍主义搭配的根本理由。换句话说，先是基于说理的普遍主义立场批评伯林的价值多元论，而最后又依据伯林的人性观来支撑说理的多元价值论。

其次，在批评施特劳斯的时候，钱永祥认为，施特劳斯“寻找古典政治哲学的‘自然正当’概念，原本旨在回归一元、客观的价值系统”。② 施特劳斯确实试图恢复古典政治哲学的自然正当概念，但这种努力的目的是否可以归结为“回归一元、客观的价值系统”，还是一个问题。如此归结施特劳斯的古典政治哲学精神，显然体现了伯林分析欧洲思想史的浓烈色彩，尤其是他关于启蒙哲学的一元论与浪漫主义的多元论之间的明确区分。对伯林来说，欧洲思想史的真正转折点在于浪漫主义的出场。③ 对施特劳斯来说，浪漫主义

---

① 钱永祥：《动情的理性》，第 268 页。

② 同上，第 282—283 页。

③ 伯林：《浪漫主义的根源》，吕梁等译，南京：译林出版社，2008 年；参陈建洪：《政治多元论与浪漫主义革命》，《二十一世纪》第 64 期（2001 年 4 月号）：第 149—152 页。

不过是启蒙哲学向历史逐步屈服的一个后果,真正的断裂点还是在于启蒙。在这个断裂点上,施特劳斯对比了作为权利学说的现代正义观和作为义务学说的古典正义观,同时对比了在这个世界建立未来乌托邦的现代企图与在这个世界中建立语言乌托邦的古典意图。将一个理性概念体系作为人类政治的标准来实施,恰恰是伯克批评法国大革命及其启蒙哲学理念的根本之处。作为现代的批评者,施特劳斯不可能预设一个"一元、客观的价值系统",并由此来规范人间的多元价值。毋宁说,施特劳斯所要恢复的古典政治哲学,对任何现实政治——无论君主制还是民主制——都是一个深深的问号,是一种彻底的质疑。这就是我所强调"否定哲学"的意思。从这个角度来理解,柏拉图政治哲学既不像阿伦特所认为的那样,是一种独断专横的真理,也不像波普尔所主张的那样,是极权思想的起源。在施特劳斯看来,柏拉图式政治哲学对人类生活中至关重要的概念的定义追问,是对所有既定理解的瓦解,是通过语言建立一个超越现实政治的哲学维度,以提醒人类政治生活始终处在不完美之中。对于任何政治现实来说,这一维度始终作为一个巨大的问号而存在。在强调说理这一点上,倒是和钱永祥主张的"说理的普遍主义"有点类似之处,而不是相互矛盾。只不过,古典政治哲学并不像亚里士多德所指责的智者那样,把政治学仅仅理解作修辞学,也不像马基雅维利那样,重视"武装的先知"而轻视“非武装的先知”。①

最后，多元处境下说理的普遍主义强调了个人选择及其理由的重要性，而且强调了个人选择的理由成立与否只有通过相互说理才能“逐渐呈现”。事实上，在大多数情况下，进入说理过程之前，个人已有既定选择。那么，这种既定选择的理由与相互说理过程所呈现中的理由是否依然一致？如果不一致，之前的选择及其理由是否确实可以说是一种偏好？如果这样，这种偏好恰恰又是说理之前的一种先在事实。如果前后一致，而且并没有改变个人既定选择，那么说理过程并没有提供更多的理由，不过确实增加了对他人选择的宽容。这种宽容，有时候体现了相互理解的尊重，有时候则体现互不理解的陌路相别。而且，如果多元的选择既不能友好地相互理解，也不能和平地各走各路，却进入实际和潜在的相互冲突，那么，在这种情况下是选择永恒对话，还是选择政治决断？强调政治决断是施米特的方案，选择哲学与政治之间的永恒对话则是施特劳斯的方案。施米特的方案建立在对人性幽暗的洞察之上，认为新秩序会通过不断冲突与和解从旧秩序中诞生，完全不指望超越政治的永恒对话。施特劳斯的方案则是要从多元政治的现实出发，追问最佳政体的哲学问题。这种追问并不要提供一种现成的最佳政体设

---

① 亚里士多德：《尼各马可伦理学》，廖申白译，北京：商务印书馆，2003年，1181a10—15；马基雅维里：《君主论》，潘汉典译，北京：商务印书馆，1985年，第27页。

计蓝图，而是通过永恒追问反衬政治现实的多元。这种哲学追问，对任何一种政治现实来说都是始终悬挂在头顶的问号。从这一点来看，恰如钱永祥所倡导的那样，施特劳斯也是同时认可多元论与普遍主义的。施特劳斯的政治哲学同时认可政治现实的多元与哲学追问的普遍意义。钱永祥的说理普遍主义则倾向于强调多元政治价值本身之间的相互说理。但是，这种立足于此时此地的说理普遍主义，无法很好地回答极端状态下究竟是选择永恒对话还是政治决断的问题。

## 二

关于美好人生问题，钱永祥认为，施特劳斯的理解“专断而简单”。

从定位上看，钱永祥将施特劳斯的美好人生论归为规范伦理学中的“完美论”（perfectionism）。这种完美论，有时也被称作“至善论”。[1] 这种完美论强调“一些内生于人性而界定或者构成人性的特质，一些使人成为人、活得像人的特质，例如某些能力或者活动”。据此，所谓美好人生，旨在“将这些性质发展到最高的程度、让人性的核心特质得以充分实现”。[2]

---

① 钱永祥：《动情的理性》，第 17 页。
② 同上，第 274 页。

那么这种人性的核心特质是什么呢?钱永祥准确地指出,和古典思想家一样,施特劳斯视"'言说、理性或者理解力'为人和动物灵魂的差别所在",因此说明"人应该殚思而活、追求理解、以及慎思而行。"①我想,在这个方面,钱永祥对施特劳斯这一立场的把握其实是准确的。只不过,钱永祥并不同意施特劳斯的这一古典立场。

钱永祥主要从三个方面批评了施特劳斯的完美论立场。这三个方面都与施特劳斯的人性论相关。首先,钱永祥根据所谓"价值的临时性格"批评了施特劳斯的至善人性论。关于人性论,政治学中有不同的区分视角。有人性善论,有人性恶论。主张性恶者,有从道德角度着眼,也有从生存角度入手。施特劳斯的至善人性论,秉承传统哲学追求人性至善境界的主张,也就是强调只有充分发展"言说、理性和理解力"的人,才是真正意义上的人。用更为传统的话来说,人之成人,就是成为理性人;以追求理论生活为本务的哲人则是理性人的典范。施特劳斯的立场以理性臻于至善为"终极价值",但是"我们所认定的终极价值,都还有待进一步的诘疑与理由。"②换句话说,钱永祥认为,施特劳斯所推崇的"终极价值"并不具有终极性。更为准确地说,钱永祥暗示了,所有被认为是终极价值的价值,都不具有终极性,都具有临时性。

① 钱永祥:《动情的理性》,第283页。
② 同上,第274页。

在这一点上，钱永祥的批评并没有反驳掉，倒是印证了施特劳斯的立场。施特劳斯确实在维护哲学的必要和高贵，但是这种维护并没有独断地预设一个放之四海而皆准的"终极价值"，而是在强调人类并没有始终保持对自身的质疑。在这种质疑中，理性既是对意见的持续否定，也是对真理的不懈追求。哲学的必要性和高贵性在于对世间一切价值的质疑和重估。在这种质疑面前，确实一切价值都具有临时性。但是，这种质疑又不能止步于一切价值的临时性，否则将陷入价值的相对论，重陷它起初渴望突破的罗网。

施特劳斯的人性论坚持了传统哲学的理性人构想，始终强调人类理性未臻完善的事实，是一种追求至善、向上看的人性论。钱永祥则在一定程度上拒绝这种理性人构想，强调关怀弱者苦者的人生，是一种同情弱者、向下看的人性论。同情弱者向下看的人性论，大致有三种典型。第一种是宗教性的，这种人性论建立在神学基础之上。它需要一位神或者接近于神的圣人，作为所有人的典范，关怀和感召世人，尤其关怀穷弱卑苦。第二种是政治性的，这种人性论建立在制度设计之上。它需要一种近乎完美的理性设计，能够让富人与穷人共依存，让强者和弱者相对话。第三种是革命性的，这种人性论建立在对未来的期盼之上。它抛弃一切幻想，主张穷弱卑苦者认清人间历史的压迫事实，通过革命捣毁一个旧世界，建立一个新世界。显然，钱永祥追随的是第二条路线。在这种追随之下，钱永祥认为，"与其关怀彼岸世界、成圣成贤,或者让人生过得更为‘美好’”,不如期待“道德用心在保护与帮助弱者、减少不公平的苦痛”。[①] 与另外两条路线不同,这条路线对人类理性具有无比强烈的信心。这条路线也是讲求说理的理性路线。就讲求说理这一点而言,钱永祥的立场和施特劳斯的立场是一致的。不过,钱永祥相信,人之为人都能够理性地进入说理的过程。施特劳斯则倾向于认为,只有少数讲求理性的人能够始终坚持理性而进入说理的过程,大多数人的理性将被各种欲望所左右,无论时代形势如何变迁,无论欲望形式如何变化。

其次,在批评施特劳斯人性论的基础之上,钱永祥批评了施特劳斯政治哲学思想的“不平等主义”。他认为,施特劳斯的“不平等主义”,问题在于它只识“自然人”,不像罗尔斯那样正视“道德人”。据此,钱永祥批评施特劳斯的政治哲学“只识‘自然人’,屈从于‘性—自然’赋予个人的条件,从而重视资质、成就与表现”。同时,他肯定了罗尔斯的政治哲学,因为它“正视‘道德人’的存在,理解到那些条件与个人的道德权益无关,认为公平原则要求忽视它们,进而要求弥补自然与社会条件对个人的剥夺,以便提供每个人公平的生命机会”。[②] 在这一点上,钱永祥对罗尔斯的肯定也许自有其道理。但是,他对施特劳斯的批评却并不恰当。至少,

---

① 钱永祥:《动情的理性》,第16页。
② 同上,第281—282页。

在两个方面存在着问题。其一，施特劳斯对古典哲学中“自然”概念的强调，完全不能被理解为“个人的条件”，更不能被简单理解为对“资质、成就与表现”的重视。这种理解基本上是现代自由主义对个人及其自然的理解。施特劳斯所强调的自然并不是作为起点的“个人条件”，反而是作为人之为人的终点或者“目标”。其二，施特劳斯并没有忽视“道德人”的存在。的确，施特劳斯确实不像钱永祥所说的那样，通过忽略人之自然条件进而构建人的道德权益。这条思路是现代自由主义的思路。施特劳斯则恰恰要把现代思路中自然和道德的关系颠倒过来。这种颠倒把现实中的人视为一个一个的道德人，这些道德人并不都能突破自身道德而反观道德自身，从而询问何为道德，询问道德之自然。在施特劳斯看来，只有进入这种询问的人，才进入人性完善之途。换句话说，施特劳斯的道路是由道德而自然。这个自然，从来就不是现代意义上的可塑起点，而是古典意义上的可欲终点。

最后，钱永祥回到一元和多元的对立角度批评了施特劳斯的美好生命概念。他认为，施特劳斯执着于“一元论的价值观”、回归或推导“一元、客观的的价值系统”，从而没有料想到“美好生命似乎总是容许多样的追求与实现方式，因此它本身其实有着多元论的涵蕴”。[①] 在这一点上，我在前面

① 钱永祥：《动情的理性》，第283、285页。

已经反复强调。在施特劳斯眼中,关于美好生命和最佳政体的追问,并不能简单地归结为一种一元论价值观或者给定的、客观的价值系统;而是首先要反过来理解,它是一种否定,是对任何现成给定价值观念的质疑和否定。在这一点上,这种质疑倒颇像钱永祥对自由主义的描述:它"是一种抗议的声音,为个人的尊严站出立场,即使它的诉求往往像是旷野中的呼唤"。① 哲学首先是一种抗议,是对任何政治现实的质疑和否定。在这一点上,我认为,施特劳斯和阿伦特的观察是一致的。只不过,阿伦特倾向于把这种否定看作是对政治的压迫,施特劳斯则倾向于认为,只有这种否定的始终在场,政治才能摆脱粗鄙和残酷,才能拥有高贵的荣光。钱永祥始终将施特劳斯归类为一个价值一元论者甚至是价值独断论者,这一点可以说是个根本的误解。在这种误解中,施特劳斯和他所认同的古典思想家似乎都事先规定好了种种价值的高下之分。据此,钱永祥立足多元论立场又通过反问的方式来质疑施特劳斯的所谓一元论:"厨师、数学家、文学家、生意人、手艺工人、战略家,岂不都在发展、运用人性中的思维与理解能力吗?"②这个质疑完全拉低了钱永祥对施特劳斯的质疑高度。施特劳斯不会愚蠢或者顽固到如此地步,以至于居然无视各色人等都在运用思维和理解能力的

① 钱永祥:《动情的理性》,第 14 页。
② 同上,第 283 页。

事实。柏拉图对话描述了苏格拉底与各色人等的对话，最终的结果都是各色人等都发现自己处于苏格拉底的语言漩涡之中，完全丧失了方向和原有的确信。这意味着，只有苏格拉底这样的哲学家，才始终坚持彻底的理性反思，与现实毫不妥协。换句话说，施特劳斯并没有忽视道德多元的人间事实。不过，他确实没有停留于多元事实本身，而是通过语言不休不止地追问，人类是否能够满足于事实上的多元。所以，施特劳斯实际上从不否认多元世界的事实，也没有试图设定或推导出一种现成的一元价值。他一直在强调，苏格拉底的反思确实是一个牛虻之刺。它始终在提醒我们，世界始终处在不完美之中。只要还有追问完美的精神，这个世界还依然有可能反思自身的不完美。

## 三

与钱永祥一样，自由主义新锐学者周保松也有一篇专门分析和批评施特劳斯的文章。虽是不一样的文章，却是一样地流传广泛，一样地立场鲜明。这篇文章题为“自由主义、宽容与虚无主义”，[①]分七个部分。不过，除去第一部分点题和第七部分结尾之外，中间主体总共是五个部分。在这个主体

---

① 周保松：《自由主义、宽容与虚无主义》，载《自由人的平等政治》（增订版），北京：三联书店，2013 年，第 101—143 页；原刊《中国学术》第 22 期（2006）：第 1—39 页。

框架中，首先是批评施特劳斯对自由主义的批评（第二部分），其次介绍了宽容思想从洛克到密尔的理论发展（第三部分），以及假设密尔思路碰到来自施特劳斯思路的质疑时可以如何回应（第四部分），再次是回应甘阳对罗尔斯的批评（第五部分），最后强调了，自由主义思想中的个人自主既不属于价值主观主义，更与价值虚无主义无关（第六部分）。

如果说钱永祥批评的是刘小枫及其背后的施特劳斯，周保松针对的则是甘阳及其背后的施特劳斯。最终的批评目标，都是施特劳斯。不过，钱永祥的批评重点在于价值多元论和美好生命这两个问题，周保松的批评重点则在于辨析宽容和个人自主这两个概念与虚无主义的关系问题。在钱永祥的批评中，施特劳斯一是没能领悟真正意义上的价值多元论，二是错误地坚持基于所谓一元客观价值论的美好生命观。在周保松的批评中，施特劳斯在根本上误解了宽容的意思，所以才会从虚无主义的角度来理解自由主义的核心原则。周保松认为，施特劳斯对自由主义的批评误解甚至曲解了自由主义，因此要通过阐发自由主义的宽容精神和个人自主原则而对施特劳斯提出反批评。

周保松对自由主义的一些原则辩护，施特劳斯并不一定都会表示异议。周保松认为，在施特劳斯的思想中，自由主义和虚无主义关系密切甚至完全等同。所以，他要强调自由主义实际上和虚无主义并没有什么关系，并以此反驳施特劳斯。但是，他对施特劳斯的一些批评，犯了他自己所批评的那种错误,也就是在一些重要问题上误解了施特劳斯。

首先,关于虚无主义这一概念本身,周保松对施特劳斯并没有提出实质性的批评。正如周保松所概括,虚无主义的基本观点是认为“世间根本没有任何客观的有关善恶、对错、好坏、正义与否的标准。一切的价值判断都是变动不居,因历史和因人而异”。其基本特征就是“普遍性的客观的价值标准”的丧失。[1] 那么,导致虚无主义的原因是什么?周保松通过多次援引施特劳斯来说明施特劳斯的态度:“当代对自然正当的拒绝导致虚无主义,甚至就等同于虚无主义。”[2]和施特劳斯一样,周保松也对虚无主义本身持批评态度。

周保松看到,施特劳斯在《自然权利与历史》中剖析了虚无主义的两个思想渊源,一是彻底的历史主义,二是强调事实与价值分野的实证主义。在历史主义这个问题上,周保松的概括显然过于简略。在施特劳斯的分析中,历史主义有一个从早期阶段的历史意识逐步发展到自我反思的彻底历史主义的过程。施特劳斯认为,这种彻底的历史主义实际上又迫使我们重新思考自然正当的问题。[3] 周保松的概括则止于用施特劳斯所分析的早期历史主义来说明“彻底的历史

---

① 周保松:《自由主义、宽容与虚无主义》,第 109 页。

② Strauss, *Natural Right and History*, Chicago: The University of Chicago Press, 1953, p. 5. 周保松:《自由主义、宽容与虚无主义》,第 105、111、124 页。

③ Strauss, *Natural Right and History*, pp. 31—32.

主义”,仅仅将历史主义概括为“所有人类思想都是历史性的”这一主张。① 这是一个并不准确的概括。彻底的历史主义恰恰是对这一早期历史主义形态的哲学反思。这种彻底的历史主义的哲学代表,实际上就是海德格尔。海德格尔与韦伯构成了《自然权利与历史》前两章的两个主要论敌。不过,尽管施特劳斯从自然正义的概念对虚无主义展开了猛烈的批评,但是他也从虚无主义中瞥到了一种思想转机。这就是为什么在《自然权利与历史》前两章对当代思想进行猛烈批判之后,施特劳斯突然转而探讨自然正义概念在古希腊的起源问题。从虚无主义的思想深处,施特劳斯既看到了西方文明的危机,也窥到了西方文明的转机。周保松的整个批评则只看到虚无主义引发的危机,并没有看到虚无主义带来的转机。在我看来,这个问题恰恰是理解施特劳斯的一个关键。理解了这个关键问题,才能理解为什么施特劳斯检讨完当代虚无主义思想倾向之后,直接转向了古希腊自然正义观念的起源问题。我的理解是,施特劳斯从当代虚无主义思想中看到了前苏格拉底自然哲学家和智者学派的影子。从前苏格拉底哲学中诞生了苏格拉底-柏拉图式的政治哲学,诞生了自然正义思想。施特劳斯似乎也从虚无主义思想中,看到了回归自然正义、回归古典政治哲学精神的希望。这也是为什么他说,在与施米特的政治概念(德国虚无主义的政治

① 周保松:《自由主义、宽容与虚无主义》,第109—110页。

版本)进行思想对话之后,他发现回归古典政治哲学是一种可能,而非他之前以为的不可能。

其次,周保松对施特劳斯的批评,始于他将施特劳斯对虚无主义的批评视作同样是对自由主义的批评。不过,在转述施特劳斯观点的时候,周保松在表达方式上并不完全一致。有些时候,他说施特劳斯认为:"价值虚无主义"是"自由主义背后的预设",或者是自由主义所接受的基础。有些时候,他则说施特劳斯认为:"现代性危机的最深根源,是现代社会广泛地接受了虚无主义的价值命题,而自由主义则是虚无主义泛滥下的必然产物。"①无论如何表达,周保松认为,施特劳斯把虚无主义看作是自由主义的理论基础和价值预设。为了否定这一观点,周保松梳理了从洛克经密尔到罗尔斯的自由主义思路。

关于罗尔斯,其《正义论》出版之时,施特劳斯虽尚未过世,不过他从未提及过罗尔斯。关于密尔,施特劳斯虽然在著作中偶尔会提到,②但确实没有专门文章讨论。关于洛克,施特劳斯在《自然权利与历史》和《什么是政治哲学?》中都有专门篇章讨论。③ 周保松的论述给人一种印象,似乎施

---

① 周保松:《自由主义、宽容与虚无主义》,第102、106、112 页。

② See, for instance, Strauss, *Liberalism Ancient and Modern*, Chicago: The University of Chicago Press, 1995, ©1968, pp. 17—18.

③ Strauss, *Natural Right and History*, 202—251; *What Is Political Philosophy*? Chicago: The University of Chicago Press, 1988, ©1959, pp. 197—220.

特劳斯认为:从洛克一直到当代的自由主义,其理论基础都是虚无主义。所以,在开始讨论洛克的时候,周保松就有意识地断言"洛克不是虚无主义者"。[1] 在这一点上,周保松显得有些自说自话。施特劳斯也许会认为当代自由主义接受了虚无主义的思想倾向,但是他从来没说过现代自由主义传统是虚无主义的产物,更不可能视洛克为虚无主义者。

根据周保松的说法,施特劳斯认为现代性危机是接受虚无主义价值的结果,自由主义是虚无主义的产物。根据施特劳斯的思路,虚无主义才是现代性的结果,是现代自由主义转向之后的产物。这一个思路,《自然权利与历史》的章节安排就体现得比较清楚。前面两章讨论当代,分别探讨导致虚无主义的两大思潮:拒绝自然正义的历史主义和实证主义。中间两章主要讨论古希腊,分别讨论自然正义观念在古希腊的起源和三种古典的自然正义观念(苏格拉底—柏拉图、亚里士多德和阿奎那)。最后两章讨论现代,分别探讨了四个标志性人物:现代性奠立初期的霍布斯和洛克,现代性自我反思期的卢梭和伯克。从卢梭、伯克到当代虚无主义,是施特劳斯所说现代性的第二次浪潮到第三次浪潮的发展。全书的思路则是一个循环,从当代思想开篇,转而回到古典,再讨论现代与古典的断裂,并继而讨论现代危机及其深化。这个结构清楚表明,古典自然正义观念在现代奠立初期转为

---

① 周保松:《自由主义、宽容与虚无主义》,第117页。

现代自然权利学说，这一学说受到卢梭和伯克的质疑并进一步历史化，最后发展到当代对古今自然正义观念的彻底拒绝。

洛克处于这个循环的古今断裂带。在这个断裂带，还没有出现历史化的问题。在施特劳斯的分析中，自然权利的历史化苗头首先出现在卢梭那里，这也是为什么施特劳斯把卢梭看作是现代性第一次危机的标志人物。施特劳斯从来没有也不可能将洛克理解为一个虚无主义者，而是把他理解作比大胆无畏的霍布斯更为审慎和明智的现代自然权利阐发者和捍卫者。从施特劳斯的思想史分析来看，现代初期的自由主义奠基人还是坚持自然正义观念，只不过这种自然正义的内容发生了改变。成文和非成文法的正义让位于个人的权利和自由。对施特劳斯来说，即便洛克主张现代的自然权利论，他依然处在自然正义论的大传统之中。虚无主义则是现代自由主义经过以历史权利质疑自然权利的转变和深化之后逐步出现的一个结果。施特劳斯从来没有在任何意义上指责20世纪之前的现代自由主义者——无论洛克还是密尔——为虚无主义者。当然，从思想史谱系上来看，施特劳斯确实认为，现代自由主义与古代政治哲学的断裂逐步导致了当代虚无主义。一听到这个，自由主义者往往感到特别难以接受。其实，一点都没必要。实际上，从自由主义的现代奠基人到虚无主义思想的滥觞，中间最起码还隔着卢梭、伯克、尼采、海德格尔和韦伯。恰恰是这些不那么自由主义的大思想家，才真正促成了虚无主义的诞生。

最后，周保松也讨论到了钱永祥同样触及的美好人生问题，同时也触及最佳政体问题。这个方面的批评，周保松有些类似于钱永祥，首先从人性论入手。他指出，施特劳斯认为克服虚无主义的唯一出路是返回古典政治哲学传统，由此“找到人的自然本性或人的自然目的，以追求美善的生活及实践人的德性为目标”。在人性论上，钱永祥将施特劳斯定位为一元论者，周保松则视施特劳斯为普遍论者。他说，施特劳斯认为，“人的本性和目的，具有普遍性和客观性，不受历史文化条件影响。”①他在肯定密尔的多元论时，指出密尔认为：人性是多元的，因而“没有古典政治哲学中所谓的唯一的普遍性的自然目的，也没有适用于所有人的生活方式”。②

周保松的论断里边有两个问题需要澄清。

其一，施特劳斯及其所偏爱的古典政治哲学似乎并没有说过，有一种“适合于所有人的生活方式”。事实上恰恰相反，施特劳斯及其阐发的古典政治哲学，经常因为主张哲学生活只适合于少数人，而受到诸多批评。将哲学生活方式扩展到所有人，恰恰是施特劳斯所批评的现代哲学的政治化倾向。在文章结尾处，周保松指出施特劳斯的隐微论“令人费

---

① 周保松：《自由主义、宽容与虚无主义》，第104页。
② 同上，第122页。

解”。但是无论赞同与否，隐微论坚持哲学生活只适合少数人这一个观点还是比较容易理解的。

其二，如何理解这里所指的“普遍性和客观性”？周保松并没有具体展开解释。从其论述来看，这里的普遍性和客观性类似于钱永祥所解释的“一元的、客观的价值系统”。这种理解显然曲解了施特劳斯，也曲解了施特劳斯所要回归古典政治哲学。在这种普遍论误解的引导下，周保松认为，对施特劳斯来说，“最佳的政体（the best regime）只有一个，而且普世皆准，那便是最能引导我们发现及完善我们的自然本性的制度。”①这种关于施特劳斯“最佳政体”的说明，可以说是“专断而简单”。施特劳斯及其回归的古典政治哲学强调了追求最佳政体对于人类生活的必要性和重要性，但并没有如周保松所指责的那样要提供一个现成的“普世皆准”的、唯一的最佳政体。对施特劳斯来说，这个世界并没有任何一种制度可以自称是最佳政体，但是不能放弃追问何为最佳政体以及对最佳政体的追求。对最佳政体的追问，与任何自称最佳政体的现实政治构成一种紧张。是否坚持最佳政体的理念，例如马基雅维利在《君主论》第 15 章所呈现古今共和国的对比，也是施特劳斯认为政治哲学在现代断裂带降低了目标的一个理由。当然，周保松在古今之争的高低问题上持相反的态度。他强调，现代政治哲学更加重视个人权利

---

① 周保松：《自由主义、宽容与虚无主义》，第 104 页。

和平等，所以目标更高了。他的论证似乎表明，施特劳斯并不清楚现代政治哲学的这种倾向，并以此来反驳施特劳斯。[①] 这种简单的反驳，面对长年研究马基雅维利和霍布斯的施特劳斯，显得有些随意了。

总而言之，为了辩护自由主义是维系多元社会“最合理和最有效的方式”，[②]周保松显得过于着急地批评和否定施特劳斯，结果恰恰是这种着急导致了他对施特劳斯观点的叙述存在着理解上的根本偏差和误解。这些偏差和误解体现在他关于洛克，关于自由主义与虚无主义的关系，关于美好人生和最佳政体，关于他所轻视的隐微论所有这些问题的讨论之中。不过，施特劳斯应该会认同周保松关于现代政治抱负的一个说法：“现代人相信，人不仅能了解及支配自然，也能凭借人的理性和感性能力以及对人性和社会的认识，在世间建立一个理想的政治秩序。”[③]只不过，在施特劳斯看来，这种意图“在世间建立一个理想政治秩序”——不同于古典政治哲学在语言中建立一个理想政治秩序——的政治抱负恰恰体现了理性的致命自负。在古典政治哲学中，他看到了克服这种自负的希望。

① 周保松：《自由主义、宽容与虚无主义》，第118页。
② 同上，第102页。
③ 同上，第101页。

**图书在版编目(CIP)数据**

论施特劳斯 / 陈建洪著. --上海：华东师范大学出版社,2015.10

ISBN 978-7-5675-3868-9

Ⅰ.①论… Ⅱ.①陈… Ⅲ.①施特劳斯,L.(1899～1973)-政治哲学-研究 Ⅳ.①B712.59

中国版本图书馆CIP数据核字(2015)第165934号

华东师范大学出版社六点分社
企划人 倪为国



六点评论

**论施特劳斯**

著 者 陈建洪
责任编辑 倪为国 彭文曼
封面设计 卢晓红

出版发行 华东师范大学出版社
社 址 上海市中山北路3663号 邮编 200062
网 址 www.ecnupress.com.cn
电 话 021-60821666 行政传真 021-62572105
客服电话 021-62865537
门市(邮购)电话 021-62869887
地 址 上海市中山北路3663号华东师范大学校内先锋路口
网 店 http://hdsdcbs.tmall.com

印 刷 者 上海印刷(集团)有限公司
开 本 889×1194 1/32
印 张 4.5
字 数 70千字
版 次 2015年10月第1版
印 次 2015年10月第1次
书 号 ISBN 978-7-5675-3868-9/B·963
定 价 35.00元

出 版 人 王 焰

(如发现本版图书有印订质量问题,请寄回本社客服中心调换或电话021-62865537联系)

ISBN 978-7-5675-3868-9

9 787567 538689 >

定价: 35.00元